18세기의 세책사

18세기의 세책사

소설 읽기의 시작과 유행

이민희 지음

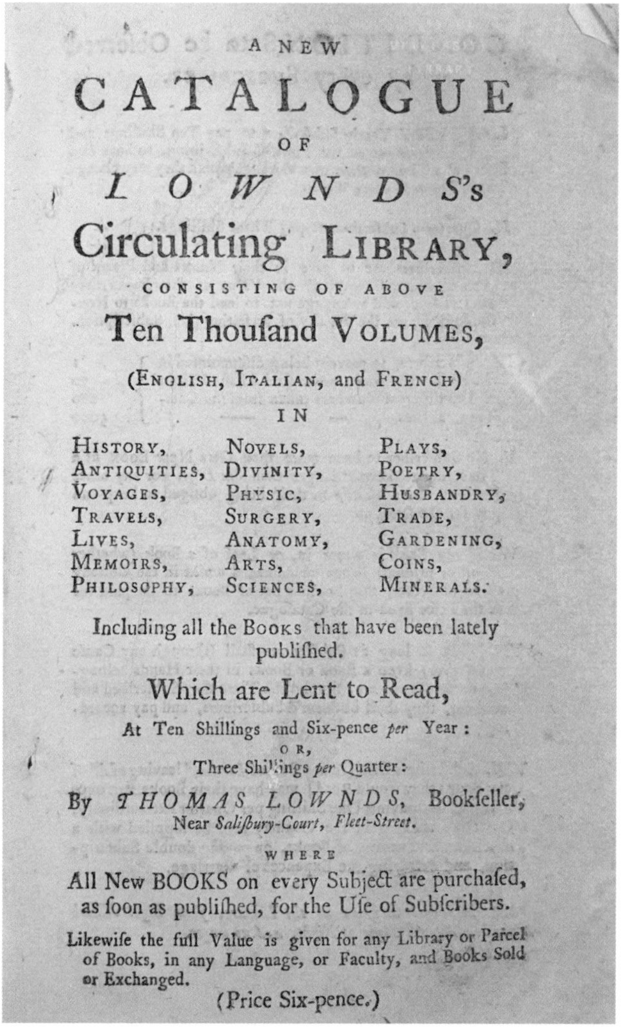
A NEW

CATALOGUE

OF

LOWNDS's

Circulating LIBRARY,

CONSISTING OF ABOVE

Ten Thouſand VOLUMES,

(ENGLISH, ITALIAN, and FRENCH)

IN

HISTORY,	NOVELS,	PLAYS,
ANTIQUITIES,	DIVINITY,	POETRY,
VOYAGES,	PHYSIC,	HUSBANDRY,
TRAVELS,	SURGERY,	TRADE,
LIVES,	ANATOMY,	GARDENING,
MEMOIRS,	ARTS,	COINS,
PHILOSOPHY,	SCIENCES,	MINERALS.

Including all the BOOKS that have been lately publiſhed.

Which are Lent to Read,

At Ten Shillings and Six-pence *per* Year:

OR,

Three Shillings *per* Quarter:

By *THOMAS LOWNDS*, Bookſeller, Near *Saliſbury-Court, Fleet-Street.*

WHERE

All New BOOKS on every Subject are purchaſed, as ſoon as publiſhed, for the Uſe of Subſcribers.

Likewiſe the full Value is given for any Library or Parcel of Books, in any Language, or Faculty, and Books Sold or Exchanged.

(Price Six-pence.)

잉글랜드 런던 플리트가 로운즈Lownds 세책점에서 1766년에 발행한 카탈로그.
하버드대학 호턴도서관 소장. ©이민희

이 저서는 2020년 대한민국 교육부와 한국연구재단의 저술출판지원사업의
지원을 받아 수행된 연구임.(NRF-2020S1A6A4047024)

차례

프롤로그

오늘날 책을 빌려 읽는 것만큼 흔한 일도 없다. 하지만 세책 독서가 역사적으로 기득권 및 사회의식과 맞서 싸운 결과임은 잘 알려져 있지 않다. 세책 독서의 역사는 인류가 축적한 지식과 정보를 공유하고자 한 지적 욕망의 계보다. 얼마 전까지만 해도 동네마다 있던 도서대여점이나 비디오 가게를 떠올리면 사실 세책 독서는 오늘날 스트리밍 서비스, 곧 각종 OTT 서비스의 원조라 할 수 있다. 책을 한곳에 모아 놓고 일정 기간 사용료를 낸 이들이 마음껏 빌려 읽도록 한 첫번째 유통 시스템이 바로 세책 영업이었다.

국내의 경우, 책을 직접 구매하지 않고 빌려 읽는 일이 조선 후기에 빈번했다. 그것도 소설책을 몰래 빌린 독자가 많았는데, 대다수가 사대부가 여성이었다. 가까운 일본만 해도 세책 독서 관련 자료나 사례가 대단히 풍부하고 다양하다. 더 멀리 바라보면, 영국, 슬로바키아, 러시아, 미국 등에서도 비슷한 시기에 세책 독서가 나타나면서 우리와 비슷한 방식으로 책을 빌려 읽는 문화가 형성되었다. 세책 독서 문화의 형성과 발달, 그리고 쇠퇴 과정이 국가를 불문하고 신기할 정도로 닮았다. 동서양 문화 중 비슷한 양상을 보여 함께 살필 만한 것이 얼마나 될까? 세책 독서 문화는 인류가 빚어온 보편적 문화유산이다. 세책점에서 취급되면서 급성장한 소설이 세책 독서 문화사에서 단연 주인공이다. 천 가지 얼굴을 지닌 소설의 속성을 파헤치는 열쇠를 세책 독서가 쥐었다고 해도 과언이 아니다.

세계 세책 독서 문화사의 지형을 그려보겠노라 결심하고 이렇게 집필하기까지 벌써 꽤 많은 시간이 흘렀다. 동아시아, 유럽, 북미와 중남미, 아프리카 등 세계 곳곳에서 개인의 진보와 발전이라는 미명 아래 세책 독서가 잰걸음으로 역사 무대의 한편을 차지해온 모습을 거듭 목격했다.

프랑스 역사가 미셸 드 세르토는 "작가는 언어의 토양 위에서 자신보다 더 이른 시기 작가들의 유산을 물려받아 집을 짓는 설계자일 뿐 아니라 고여 있는 우물을 파내는 장인이며, 독자는 여행자다"라고 말한 적이 있다. 그렇다. 작가는 세상을 설계하는 기획자요, 고여 있는 사유의 우물을 파내는 장인이다. 반면 독자는 사유의 바다를 만끽하며 유영하는 여행자다. 유목민처럼 땅을 가로질러 낯선 세상을 마주하면서 세상을 바라보는 안목을 지닌 여행자가 그리운 오늘날, 글쓰기의 위대함을 여기서 찾을 수 있다. 글쓰기는 특정 장소에서 시간을 축적해 쌓아올린 지적 유산과 다름없다.

이 책은 전 세계에서 공통으로 실현하고자 했던, 그동안 우리가 잊고 지낸 작은 꿈에 관한 탐구다. 책이 앞뒤 표지 사이의 세계이고,

도서관과 서점이 하나의 소우주라면, 이 책은 책을 둘러싼, 인간이 만든 그 우주에 관한 이야기다. 이 책은 그 세계로 나아가는 도전이자 새 길을 여는 여정의 시작이다.

2023년 여름날 보스턴에서

파란波蘭 이민희 짓다

1

세책 독서 문화

'세책貰冊', 이는 오늘날 '도서대여'의 옛 이름이다. 18~19세기에 책을 빌려주고 빌려 읽던 유통 방식을 세책이라 일컫는다. 오늘날 도서대여점과 비디오테이프 가게에서 요금을 미리 내고 일정 기간 동안 해당 상품을 저렴한 가격에 빌렸다가 되돌려주던 것과 유사하다.

한편, '세책 독서'는 세책점 또는 도서대여 기관에서 돈을 내고 직접 책을 골라 빌려 읽는 독서 행위의 전 과정을 의미한다. 세책 독서의 의의는 소수만이 독서를 즐기던 사회 환경에서 벗어나 신분, 계층, 남녀, 직업에 따른 차별이나 제약 없이 독서할 수 있게 되었다는 데 있다.

이런 세책 독서를 가능케 만든 주역 중 하나가 도서대여점, 곧 세책점이다. 세책점은 기본적으로 세책 영업을 통해 상업적 이윤을 추구했다. 상품 가치를 가진 책을 소장하다가 일정 기간 싼값에 빌려주는 영업을 한 것이다. 고객 입장에서는 이런 세책이 자유롭게 책을 즐길 수 있는 소비 활동이자 여가 활동이었다.

이렇듯 도서대여를 둘러싼 관련자들이 역사적으로 이룩해온 독특한 독서 활동과 상업 활동, 그 역사적 의미까지 두루 포함한 유무형적 유산을 지칭하는 말이 필요하다. 이를 '세책 문화'로 부르기로 하자.

경제적 요인 : 도시의 유통 시스템

세계사적으로 세책 문화는 동서양 가릴 것 없이 18세기 무렵부터 유행하기 시작했다. 그렇다면 왜 이 시기에 세책 문화가 생겨났을까? 그 시기에 누가, 왜, 어떻게 세책 독서를 즐겼으며, 그때 빌려다 읽은 책은 어떤 종류였을까? 세책 독서가 발달한 나라 또는 민족과 그렇지 못한 곳은 어떤 차이가 있는가? 세책 독서는 언제, 왜 쇠퇴했는가? 이러한 궁금증을 하나씩 풀어가보자.

세책점의 설립 조건과 운영 방식은 세책 독서 문화의 형성과 발달을 이해하는 단적인 척도다. 소수의 상층만이 독자로 책을 전유하던 시절에서 탈피해 문자를 익힌 이라면 누구나 책 읽는 독자가 될 수 있는 시대에 등장한 서적 유통의 전진기지가 세책점이었다. 책이 귀했을 때 책값이 비싼 것은 당연하다. 책을 빌려 읽을 만한 시간적 여유도, 글자를 읽는 능력도 부족한 이에게 책이란 그림의 떡이자 무가치한 물건에 불과했다. 그런데 18세기에 이르러 일반인들이 경쟁적으로 책을 빌려 읽는 상황이 벌어진 것이다.

책의 생산과 유통, 그리고 소비가 동시에 발달하면서 도서대여란 현상이 나타났다. '책'이 있고 책을 소비하려는 '독자'가 존재할 때 비로소 '출판 시장'이 형성될 수 있었다. 여기서 말하는 출판 시장이란 출판과 유통, 소비로 이어지는 경제활동이 일어나는 환경뿐 아니라 여론과 시대정신, 사회 변화를 만들어낸 시민의 저력까지 포함한 개념이다.

세책업자에게는 세책점을 찾아오는 고객뿐 아니라 눈앞에 보이지 않는 잠재 고객까지 손님으로 만들 만한 유인책이 필요했다. 이들은 잠재적 독자를 늘 상정하고 이들의 욕구까지 충족시켜줄 책을 준비해놓되, 많은 권수와 종류의 책을 제때 갖춰둬야 했다. 책을 쉽게 구할 수 없던 시절, 세책업자들은 책을 독점적으로 소유한 이들이었다. 이들이 다수의 책을 저렴한 값으로 빌려줌으로써 책 공급자와 소비자의 욕구를 모두 충족시켜줄 윈윈 전략을 펼쳤던 것만큼은 분명하다.

하지만 글자를 안다고 모두 독서 능력을 가졌거나 독서를 즐기는 고객이 되는 건 아니었다. 세책업자는 문해력이 있는 사람을 세책 독자로 만들어야 했고, 독서욕을 불러일으킬 만한 장치를 마련해야 했다. 광고와 여러 서비스를 제공해 세책 독서에 흥미를 갖도록 설득하는 능력이 요구될 수밖에 없었다.

이때 경제 발전이 독서 문화를 견인했는지, 아니면 독서 문화가 형성되어 경제 발전이 촉진됐는지를 따지기란 쉽지 않다. 보는 관점에 따라, 나라별 특성에 따라 다를 수 있기 때문이다. 분명한 사실은 세책점의 등장이 서적 출판(생산)에는 손해가 아니었다는 것이다.[1] 유럽의 큰 세책점에서는 당시 가장 인기 있는 책, 곧 소설책을 잘 만드는 출판업자의 순위를 매겨 지속적으로 그 출판업자와 거래를 했다. 따라서 출판업자 간에 경쟁이 이루어져 출판업이 발달할 수 있었다.

한국은 유럽과 사정이 조금 달랐다. 19세기 중반까지만 해도 인쇄본이 아닌 필사본 위주로 대여를 해주었기에 세책점은 영업 규모도 작고 운영 방식도 가내수공업 수준에 머물렀다. 전문 필사자와 통속물을 쓰는 작가만 갖추면 세책점 운영에 큰 문제가 없었다. 19세기에는 소설 독서 열기가 높아지자 필사본뿐 아니라 인쇄본까지 만들어졌다. 독자의 요구에 부응하고자 대량생산이 가능한 인쇄본까지 세책 목록에 포함해 다양한 사람이 세책하게끔 기회를 늘렸다.

그런데 세책점은 서울에서만 운영됐고, 평양, 개성, 대구, 전주 등 조선시대에 제법 큰 규모로 여긴 지방 도시에는 없었다.[2] 이는 18~19세기에 평양, 전주 같은 도시가 서울만큼 큰 규모의 경제체제를 갖추지 못했음을 시사한다. 세책 독서를 소비할 독자층도 적었고, 서책 공급도 어려웠기 때문이다.[3] 당시의 상업적 생산, 유통, 소비 체계가 서울을 중심으로 돌아가던 중앙집중식 경제구조였음을 방증한다.

한편 미국에서는 아나폴리스, 찰스턴, 보스턴, 볼티모어, 뉴욕 등 동부 지역의 도시마다 시차를 두고 세책점이 등장해 급성장했다. 독립전쟁이 끝날 무렵인 1783년부터 하나둘 생겨난 세책점은 1800년까지 19개의 도시에서 최소 39곳 운영됐다.[4] 상업적 거래, 곧 생산과 소비, 유통이 활발하게 이루어지고 물적·인적 환경이 구축된 도시에서는 독서를 여가 활동으로 인식하는 이들이 많았기에 책을 빌려 읽고자 하는 욕구도 그만큼 늘어난 것이다. 책값이 책 대여료보다 훨씬 비싼 시절이기도 했다. 일본의 도쿄, 나고야, 교토 등에서, 유럽의 베를린, 파리, 브라티슬라바 등 여러 도시에서 세책점이 나타났다.

나라마다 그 영업 방식은 조금씩 달랐다. 유럽과 미국에서는 일별, 주별, 월별, 분기별, 6개월, 또는 연간 단위 등 일정 기간 회원제로 운영하며 대여 권수에 차등을 두었다. 반면 한국과 미국 세책점 중 일부는 고객에게 예치금 또는 전당품을 받고 책을 빌려줬다가 반납할 때 그 돈이나 물건을 되돌려주는 방법을 사용했다. 국내 세책점에서는 현물 거래도 가능했다.[5] 한 번에 대여 가능한 권수는 세책점마다 나라마다 지역마다 달랐다. 그러나 책이 크거나 고급스러운 경우나 분책 수가 많은 경우, 고객의 생활수준과 교양 등을 고려해 대출 권수는 융통성 있게 조정되었다. 새 책의 경우 대여 기간이 수일에 불과하기도 했다.

세책업자는 독자 취향을 고려해 맞춤형 책을 다수 구비해놓아야 했다. 유럽과 한국 등 대부분 나라에서 세책점은 소설로 대표되는 통속문학 작품과 교재, 달력 등 실용 서적을 주로 취급했다. 이야기를 통해서 세상을 간접적으로 체험하고, 교양을 쌓고, 사랑에 대한 호기심을 충족할 수 있었던 여성 독자들이 신흥 장르인 소설을 세책점에서 경쟁적으로 빌려다 보았다. 세책업자는 새로운 취향을 지닌 이런 고객과 유행을 잘 파악해 고객이 읽고 싶어하는 도서를 한발 앞서 구비해놓았다. 그럴싸하게 제목도 바꿔 붙이고, 내용에 대한 홍보도 곁들여 잠재 고객의 독서욕을 자극하는 데 신경을 많이 썼다.[6]

지역마다 독서 환경에 맞춰 세책 영업도 시도했다. 이동식 세책 영업이 그 예다. 미국에서는 미시시피강과 인접한 지역의 구성원뿐 아니라 여행자도 이용할 수 있게 배 위에서 세책점을 운영했다. 이리Erie 운하 아래에도, 롱아일랜드섬과 허드슨강에도 이동식 세책점이 있었다. 이는 일찍부터 운하가 발달한 중국의 남경, 소주, 항주 등 강

조선총독부도서관 순회문고.
지방 도서관의 부족한 장서량을 채워주기 위해 나무상자에 50권을 넣어 순회문고를 운영했다. 1931년에 부산, 함흥, 신의주 시립도서관, 1935년에 목포, 개성, 대구, 원산 시립도서관 그리고 1940년에는 평양, 대전 시립도서관과 순회 대출을 실시했다. 국립중앙도서관 소장.

남 지역에서 출판업이 발달해 많은 책이 쏟아져나오자 그 인쇄본을 '서선書船'이라 부르던 배에 싣고 북경까지 운행하면서 책 매매 및 대여를 하던 모습과 비슷했다.[7]

미국 필라델피아에서 조지 블레이크가 운영한 음악가게는 남성보다 여성들이 더 자주 이용한 세책점이었다. 이곳은 악보와 책대여를 겸해 여성 고객의 취향을 사로잡았다.[8] 18세기에는 이미 커피점에서도 신문과 독서 자료를 빌려다 읽을 수 있었다. 커피를 마시면서 정보를 교환하거나 독서를 하던 모습이 오늘날 북카페의 전신이라 할 법하다.

유럽에서는 나폴레옹전쟁 이후 대중의 독서 욕구가 더 커지면서 소설 출판이 급성장했고 고급 장르와 저급 장르의 경계도 분명해졌다. 세책점에서는 도서 시장에서 좀더 비싼 문학작품을 선호하고 완전 싸구려 소설책은 취급하지 않으려고 했다. 세책 독서를 즐기던 고객은 생계 걱정 없이 독서를 즐길 수 있는 부류였기 때문이다. 일부 비싼 소설은 책으로 나오기 전 신문과 잡지에 먼저 연재되기도 했다. 연재된 작품의 성패에 따라 세책점에서 책을 사들이는 부수가 달라졌다.

세책점의 흥행 이면에는 보이지 않는 여러 경제적 요인이 복잡하게 작동했다. 하지만 19세기 중반 이후로는 세책 독서의 인기가 예전만 못해졌다. 출판 기술이 발달해 책을 대량으로 생산하면서 책값이 저렴해졌다. 책을 직접 구매하는 비용과 빌려 읽는 비용의 차이가 거의 없어졌다.

정치적 요인 : 출판·검열·금서 정책

18~19세기에 세책 문화와 독서가 발달하지 못한 나라도 여럿 있었다. 그 이유를 일률적으로 말하기 어렵지만, 공통점이 발견된다. 역사적으로 외세의 간섭이나 전쟁, 자국 내 여러 정치적 불안 요소가 클수록 세책 문화가 나타나기 어려웠다. 책의 출판과 유통을 법으로 규제해 민간 독서를 막거나 정치적으로 서적 검열이 심한 경우, 자발적 서

적 대여를 통한 독서 문화의 형성을 기대하기가 어려웠다. 원활한 책의 생산과 유통, 소비를 위해서는 화폐경제 사회와 경제 시스템도 갖춰야 하지만, 우선 출판 금지나 서적 유통 금지, 사상과 서적에 대한 검열 같은 정치적 통제로부터 자유로워야 했다. 더욱이 전쟁이나 전란으로 생활이 안정적이지 않다면, 세책 독서는 꿈조차 꿀 수 없었다.

그렇기에 식민지 상태이거나 주변국과의 전쟁이나 분쟁으로 오랫동안 안정된 생활을 유지할 수 없는 지역 또는 민족, 국가에서는 세책 독서의 흔적이 별반 보이지 않는다. 불가리아와 폴란드 등 동유럽 국가의 경우가 그렇다. 18~19세기 주변 강대국의 지배를 받아 자국어로 된 문학작품과 각종 책을 접할 수 없는 곳도 있었다. 나라를 잃고 핍박받던 폴란드나 남유럽 여러 나라에서는 여가 활동으로 독서를 즐길 만한 독자층이 형성되지 못했다.

세책 독서 문화의 발달과 정치적 요소 간 관계를 보여주는 한 예가 러시아다. 제정러시아는 서적을 통제하고 서적에 대한 정치적 검열을 강력히 시행했다. 외부로부터 정보와 지식이 유입되어 나라가 혼란스러워지는 상황을 막고자 하는 지배층의 통제와 억압이 심했다. 그러던 중 18세기 후반 유럽 전역에서 계몽주의 사상이 널리 퍼져나가자 계몽 군주를 자처한 예카테리나 2세가 러시아에서도 서적 유통 및 출판 완화 정책을 폈다. 그러자 얼마 후 상트페테르부르크에 첫 세책점이 나타난 걸 시작으로 모스크바에서도 1790년대부터 단기간에 다수의 세책점이 세워지고, 많은 출판물이 쏟아져나왔다.[9]

출판과 검열, 금서 정책의 변화는 슬로바키아에서도 확인된다. 슬로바키아를 통치하던 합스부르크 제국의 요제프 2세가 1780년대에 출판 완화 정책을 펴자, 유럽에서 유행처럼 번져나가던 세책점이 곧바로 슬로바키아의 수도 브라티슬라바에 다수 생겨났다.[10]

문화적 요인 : 여성 독자의 독서열과 사회문화적 수준

세책 소설 독서 발달에 중요한 변수는 혜성처럼 등장한 여성 독자였다. 남성중심적 신분사회에서 사회적으로 약자인 여성들이 세책 독서를 매개로 자국어 독서물을 적극적으로 소비했다. 영국, 프랑스, 슬로바키아, 미국, 한국, 일본 가릴 것 없이 세책 독서가 발달한 다수의 나라에서 여성 독자는 공통적으로 세책점의 단골이었다. 여성들이 세책 소설 독서를 주도하고 유행을 선도했다고 해도 과언이 아니다.

초기 세책업자들은 이런 여성들을 주요 고객으로 삼았다. 미국 최초의 세책점 주인인 윌리엄 린드는 1762년에 첫 신문 광고를 할 때부터 '신사와 숙녀' 모두가 이용 가능하다고 밝혔다. 그런가 하면 1774년 뉴욕의 세책업자 루던Loudon은 "여성은 최고의 고객이다"[11]라고 아예 선언하고 세책점에 여성을 위한 전용 출입구까지 마련했다. 그때까지만 해도 여성이 독서를 즐길 기회와 장소는 드물었다.

그러나 여성이 소설책을 즐겨 읽는 모습을 부정적으로 여긴 기득권층 남성의 공격도 존재했는데 이는 어느 나라나 만만치 않았다. 여성 독자는 물론 세책업자들도 정치적·사회적 편견에 맞서 싸워야만 했다. 1797년 「소설 독서, 여성 타락의 원인Novel Reading, A Cause of Female Depravity」을 쓴 남성 저자는 여성이 독서를, 그것도 소설처럼 선동적인 음란한 이야기책을 좋아하는 현상을 맹비난했다.[12] 이런 여성 차별 의식은 19세기 후반까지 계속되었다. "교육을 제대로 받은 젊은 여인이 정신 나간 듯 소설 읽기에 탐닉하여 수년 동안 미친 사람처럼 지냈다"[13]라며 소설 읽기에 빠진 여성 독자가 적지 않았음을 신문 기사로 작성할 정도였다. 그만큼 여성 독자를 향한 사회적 불신은 쉽게 사라지지 않았다.

그럼에도 여성에게도 책을 제공한다는 사실을 홍보하며 사실상 사회적 편견을 깨는 일에 앞장선 세책업자도 존재했다. 이런 사회적 편견, 성차별 의식을 깨뜨리는 데 목소리를 낸 세책업자가 실제로 적지 않았다.[14] 1820년대 초 미국 매사추세츠주 세일럼에서 해나 해리스라는 여성 세책업자는 장서 4천 권을 보유하며 성공적으로 세책점을 운영했다.[15]

미국의 사회역사가 칼 브라이든보는 "필라델피아 내 여성을 포함한 어떤 계층에서 여가 활동이 증가하자, 흥미 본위의 가벼운 독서 욕구가 커지면서 세책점 설립의 필요성이 제기되었다"[16]라며 신흥 시민 독자층을 세책 문화 형성의 주역으로 여겼다. 독서를 일종의 오락과 여가 활동으로 인식함으로써 세책 독서가 발달했다고 본 것이다. 하지만 여가 활동이 증가한다고 모두가 독서를 즐긴 것은 아니다. 조선시대 상층 남성들은 여가 활동이 가능함에도 불구하고 통속적 도서(소설)는 물론 오락적 독서물을 좋아하지 않았다. 사용 문자와 세책용 책의 성격이 상층 남성의 성향과 맞지 않았기 때문이다.

세책 문화란 단순히 여성 독자가 만든 것이 아니다. 지적 호기심과 모험심 가득한, 새로운 취향을 가진 여성을 포함한 열성 독자가 만들어낸 문화다. 세책 독서는 오락용 독서로, 투자가 아닌 소비 활동이자 노동이 아닌 취미 활동이었다. 그렇기에 세책 독서를 경제 발전에 기인한 소비 활동의 결과로만 볼 수는 없다. 그보다는 경제 발전과 보조를 맞춘 문화 활동, 즉 독서 문화의 패러다임을 뒤흔든 새로운 문화 활동으로 평가해야 마땅하다.

세책점(유료 대출도서관)의 영향력이 커질수록 이를 비판하는 목소리도 다양해졌다. 스페인에서는 소설을 읽는 여성 독자를 비판하기보다 세책점이 작가와 출판사를 죽인다는 점을 문제로 삼았다. 1926년 스페인 마드리드에서 발행된 잡지 『라 에스페라*La Esfera*』에 실린 기사를 보자. 기자는 아예 "도서대여업은 불법 사업"이라는 헤드라인을 달고는 1920년대 스페인에서 벌어진 도서 위기의 진실을 기사로 다뤘다. 기사는 세책 독서가 지닌 긍정적인 역할을 조목조목 밝혔다. 스페인에서 일정 기간 동안 책, 특히 소설을 쉽게 빌려주는 세책업이 확장되면서 독서 문화 확산에 기여하고 국민들이 독서 습관을 기르는 데 이바지했음은 칭찬할 만하다고 했다. 그러면서 20세기 초 마드리드 내 세책점의 대여료와 대여 방식까지 간단히 소개했다.

> 유료 대출도서관의 구독료는 월 2.50페세타이며 매번 한 권씩 빌려갈 수 있다. 2권에 4페세타, 3권에 5.50페세타로, 독자나 구독자는 매일 책을 교환할 수 있는 권한이 있다. 그리고 책 한 권당 보증으로 도서관에 5페세타를 예치해야 한다. 이 유료 대출도서관에는 구독자가 800명이 있다.[17]

1869년 11월 영국『런던 소사이어티*London Society*』에 수록된 삽화.
드레스와 모자로 한껏 멋을 낸 런던 여성들이 책을 빌리기 위해 머디 세책점을 경쟁하듯 드나들던 당대 사회 풍경을 잘 보여준다.

권수별로 대여료를 달리 책정한 것은 다른 나라에서도 흔히 볼 수 있는 일반적인 대여 방식이지만 이 기사는 책을 빌려 읽는 이가 많을수록 작가와 출판사만 고통을 안아야 하는 구조가 문제임을 지적했다. 소설이 출간되자마자 세책점에서 구독자 여럿에게 책을 빌려주면, 적은 책으로 수천 명의 독자가 호기심을 충족한다는 게 문제라는 지적이다. 책을 많이 팔아야 그 수입이 작가에게 돌아가는데 책은 몇 권 팔리지 않으면서 다수의 독자는 그 책을 다 읽어 만족한다고 했다. 작가는 책을 내봐야 정작 수중에 들어오는 수입은 별로 없고, 빌려 읽는 독자만 신이 나는 구조가 문제라 봤다. 이런 일방적인 희생 구조 때문에 기자는 세책업이 합법적인 거래가 아니라고 단언했다.

'문화 보급'이란 미명을 앞세워 자기 소유가 아닌 것을 임대하여 다른 사람의 재산에서 이익을 얻는 사업가가 바로 세책업자라는 비판도 있었다. 한 가정에서 책 한 권을 빌려가면 그 가족 구성원 모두가 그 책을 공유할 수 있었다. 대여 이후부터 그 가정은 일종의 가정 내 도서관이 되어버리는 것이나 마찬가지였다.

당시 스페인에서는 참다못한 작가와 출판업자가 세책점을 상대로 저작권을 부여할 것을 요청하는 청원서를 하원에 제출했다. 세책점의 숫자를 나라에서 제한해 작가와 출판업자를 보호해달라고 요청한 것이다. 하지만 작가나 책 홍보 담당자, 출판업자의 입장을 옹호해줄 만한 기관은 전무했다. 그러니 작가들은 각자도생할 수밖에 없었다. 일부 작가들은 책을 내려면 커미션을 붙이고 불합리한 인세 조건을 받아들여야 했다.

재주는 작가가 부리고, 돈은 세책업자가 벌어들이는 억울한 상황이 지속되자, 적지 않은 이들이 세책업자를 강탈자로 여기게 됐다. 하지만 이런 상황을 조정할 기관이나 주체는 없었다. 그나마 악순환의 고리를 끊기 위해 언론에서 목소리를 자주 내는 방법밖에 없었다. 당시에는 약탈의 피해자인 작가가 집세 청구서에 시달리는 현실에서 벗어나 달나라에 갔다는 서글픈 농담마저 사회적으로 널리 회자될 정도였다.

La Esfera 13

El automóvil destinado á la distribución de los libros que explota una de las bibliotecas circulantes que funcionan actualmente en Madrid

LIBROS EN AUTOMÓVIL
Y ESCRITORES Á PIE

El negocio ilícito de las bibliotecas circulantes

SUENA el timbre. La muchacha le da una patada al gato y abre la puerta. Vuelve con un prospecto ó librillo. Miro. «Catálogo de la Biblioteca Circulante (lectura á domicilio) de la Librería de...»

En una hojilla veo mi nombre.

—¡A ver!—grito—¿Quién es ese que quiere que yo lea mis libros?

—Es un hombre bajito. Me ha dicho que por cuatro pesetas al mes...

—¡Ah! ¡Encima me quiere sacar dinero! Dile que...

—Se ha ido.

Paso las hojas del catálogo, y de la ringlera de nombres cojo un puñado. Hay libros de Zamacois, Zozaya, Luis de Tapia, Fernando López Martín, Antoñio G. de Linares, Emilio Carr.re, José Más, Ricardo León, Muñoz Seca, *Juan Ferragut*, Diego San José, Urabayen, José Francés, Répide, Catá, Insúa, Julio y Francisco Camba, Pedro Mata y Palacio Valdés.

La tarifa de abono á esta biblioteca es de 2,50 pesetas al mes «llevándose cada vez» un tomo; de 4 pesetas por dos tomos, y de 5,50 por tres tomos. El lector ó abonado tiene facultad de canjear los libros diariamente, y está obligado á dejar en la librería cinco pesetas como garantía por cada tomo que se lleva. Esta biblioteca circulante tiene 800 abonados, y reparte los libros á domicilio en un automóvil de su propiedad. Esto quiere decir que mientras el autor de los libros vive—excepto excepciones rarísimas—lampando y enseñando los dedos por las botas, sus tomos van de un lado para otro en coche. Y el que los alquila, también.

EL ALQUILADOR

Cuando ya iba á hincar mi pluma en este tema leo en *El Sol*:

«No se ha hablado en España, que nosotros sepamos, de este aspecto nuevo de la crisis del libro. Aquí también, como en Francia, se ha extendido, industrializado y mejorado notablemente el negocio de facilitar la lectura de libros, singularmente novelas, por abono mensual. Apenas habrá en nuestras provincias pueblo de mediana importancia donde no esté establecido ya este tráfico lícito, sin duda, y hasta loable, porque contribuye á la difusión de la cultura y á generalizar el hábito de leer; pero que, indudablemente, causa un daño grande al autor ó al editor.»

. . . .

Cierto. El daño al autor es enorme. Apenas lanzada á la calle una novela, las bibliotecas circulantes ponen en manos de sus abonados unos cuantos ejemplares, que bastan á saciar la curiosidad de miles de lectores. ¿Para qué comprar el libro? Detrás del mostrador de su biblioteca está «el alquilador» esperando la nueva producción, para entregarla á sus abonados mediante una cuota mensual. Y esto no es un «tráfico lícito», como afirma *El Sol*. Detrás de ese biombo de la «difusión de la cultura» está el negociante, que hace objeto de lucro la propiedad ajena, pues alquila una cosa que no le pertenece, con grave daño para el escritor, para el cual no reza el refrán: «El abad, de donde canta, de allí yanta.» Aquí el abad se desgañita mientras cobra otro.

LA LUNA Y LA REALIDAD

Como esta biblioteca, cuyo catálogo ha tirado en mi casa una mano anónima, hay cuatro ó cinco en Madrid, alguna de las cuales saca una ganancia pingüe de este tráfico. A lo menos que tiene derecho el autor del libro alquilado es á llamarse á la parte en la utilidad del alquiler de su obra. Así lo ha creído la Société de Gens de Lettres, de Francia, por cuya iniciativa se ha presentado en la Cámara de Diputados una propcsición de ley imponiendo un «derecho de autor» á las bibliotecas circulantes, ó de lecturas á domicilio, bibliotecas, que, según un escritor francés, hacen más daño al libro que una edición fraudulenta.

En España no hay ninguna asociación que defienda los intereses de los escritores de libros ó publicistas. Ha habido algunos pujos, ó conatos de unión; pero siempre han fracasado. Puede más en el escritor español la tirria y ojeriza que siente por el compañero, que su propio interés. Como los erizos, al agruparnos, nos hincamos las púas. Y esta anarquía profesional nos deja inermes frente al despojo. Así, las bibliotecas circulantes alquilan los libros y se lucran con el esfuerzo ajeno, y los periódicos que no «pueden pagar colaboración» se alampan como buitres sobre los que la pagan y copian sus artículos.

Y mientras tanto, el escritor víctima del saqueo vive en la luna, de donde lo saca, á veces, la realidad de un recibo de alquiler ó una factura.

H. R. DE LA P.

위 잡지 기사에 소개된 사진은 마드리드 소재의 한 유료 대출도서관에서 운영하는 서적 배포용 자동차를 찍은 것이다.

스페인 국립도서관 소장.

세책점이 바꾼 독서 문화

세책점을 통한 독서가 한 나라에서 활발해졌다는 것은, 그 이전까지만 해도 지식인과 지배층을 중심으로 일종의 신성한 의무처럼 인식되던 독서가 이제는 누구나 여가 차원에서 향유할 수 있는 활동으로 전환되었음을 의미한다. 새로운 독자의 출현과 뜨거운 독서 열기는 독서 문화의 질과 성격도 바꿔놓았다. 세책점은 근대적 대중 독서의 바람을 타고 새로운 독서 문화를 창출하는 윤활유 역할을 했다.

독일 사회학자 위르겐 하버마스는 공공 영역에서 담론이 발달할 수 있는 최적의 장소로 세책점을 꼽았다. 그는 세책점에서 관념적·정치적·교훈적 공공 영역의 담론이 편지, 일기, 그리고 시민 소설로 대표되는 사적 영역의 담론으로 활성화되었다고 봤다. 종교적·정치적 공공 영역에서 이뤄지던 독서가 점차 가벼운 개인 영역에서의 독서로 바뀌면서 세책점은 문학, 특히 소설을 전문적으로 취급하는 곳이 되었다.

그러나 19세기 말~20세기 초 들어서 전 세계적으로 세책 독서는 쇠퇴한다. 하지만 독서 시장은 오히려 엄청난 속도로 팽창했다. 독서 인구의 팽창에서 결정적 역할을 한 것은 바로 언론이었다. 특히 책보다 값이 싼 신문과 잡지에서는 새로 나온 소설을 광고하거나 그중 일부를 연재하기도 했다. 일반인이 일상생활에서 쉽고, 빠르고, 싸게 접할 수 있는 신문이나 잡지는 부유한 권력층의 사생활을 가십거리로 소개해 그 이하 계층 사람들의 호기심과 흥미를 자극했다. 또한 사람들에게 공통의 대화거리와 처세술, 새로운 지식과 정보를 제공해주었다. 독자는 신문을 통해 다른 사람이 자신과 별반 다르지 않다는 공통된 정체성을 발견했다. 이렇게 되자, 세책점을 찾던 사람들은 굳이 책을 빌려 읽지 않더라도 신문과 잡지를 통해 그 이상의 만족과 이익을 얻게 되었다. 세책 독서가 전혀 아쉽지 않아졌다.

19세기 말 독일 지역신문 밤베르거차이퉁*Bamberger Zeitung*의 편집인이었던 철학자 헤겔은 일기에서 "아침 신문을 읽는 것은 현실주의자의 아침기도"라 했다.[18] 신문 읽기가 현실 그대로의 세계로 향하는 한 방법이라고 본 것이다. 그의 말마따나 신문 구독은 독자에게 드넓고 새로운 세계로 난 창문을 열어젖히는 행위와 같았다. 이에 비해 세책점에서 책을 빌려 읽는 행위는 독자에게 새로운 꿈과 희망을 주기엔 너무 낡고 진부한 방식이 되고 말았다.

공공도서관의 설립 때문에 세책점은 결정적으로 쇠퇴의 길로 접어들었다. 책이 더이상 개인 소유물이 아니라 공공재 성격을 띠게 된 것이다. 무상으로 책을 빌려주는 공공도서관의 역할이 커지면서 독자들은 세책점이 아닌 공공도서관으로 발길을 돌렸다. 이러한 이유로 세책점은 유럽과 미국, 동아시아 나라 대부분에서 비슷한 시기에 쇠퇴했다.

2

소설의 탄생,
그 달콤한 독서

세책 독서에 기름을 부은 주역은 단연 소설이었다. 일반 독자, 아니 독서 생활에서 열외자였던 여성과 하층민을 독서하는 주체로 바꾼 일등 공신이 소설이라 해도 과언이 아니다. 세책 문화의 형성, 세책 독서 발달을 이끈 주역은 바로 새롭게 등장한 서사문학, 곧 긴 호흡으로 사회와 인간 삶의 문제를 긴장감 있게 펼쳐낸 소설이었다.

소설小說, novel이란 무엇인가? 소설은 주인공과 세계가 서로 대립하는 산문 양식으로 허구 서사다. 시가 득세하던 시대에 그 차이를 분명히 하기 위해 불가피하게 소설이 산문임을 내세우게 된다. 서양에서도 동양의 한시와 마찬가지로 서사시와 민요(발라드)를 즐기는 문학 전통이 강했다. 그런데 이런 전통에 대한 반동으로 산문이 급부상하면서 음악성과 운율을 가진 시와 다른 점을 인식하기 시작했다. 그것이 17세기 이후의 일이다. 17세기 이전까지만 해도 문학이라고 하면 시와 민요를 즐겼기에, 서양의 '로맨스romance'와 동아시아의 '전기傳奇'

같은 꾸며낸 이야기는 비주류로 취급돼 그 위상이 낮았다.

하지만 신과 종교보다 인간과 현실 세계에 대한 관심이 많아지고, 이런 현실 지향적 인식을 문학작품으로 표현하려 하면서 산문이 새로운 인식 세계를 담는 양식으로 유용한 역할을 맡게 되었다. 시에 버금갈 정도로 산문의 선호도가 높아지자, 허구성을 가미하고 개연성을 버무린, 자국어로 쓴 산문 이야기에 사람들은 점차 흥미를 느꼈다. 그리고 18세기 이후 이러한 분위기가 사회적으로 두드러지게 표출된다. 기존 로맨스나 전기에 안주하지 않고 새로운 문학적 감각으로 새로운 시대 의식과 문학 취향을 담아내고자 혁신과 모험을 감행한 결과, 자국어 소설이 발달하게 됐다. 기존 서사적 취향에 새 관심사와 흥미를 첨가한 산문이 오늘날 우리가 말하는 소설의 초기 모습이었다. 사회적으로 의미 있는 의식의 변화를 다수가 공유하고 그 결과물로 소설 창작과 독서가 대세를 이룬 시기는 나라마다 차이가 다소 나지만, 대개 17~18세기에 이르러 공통으로 발견됐다.

소설[1]이 수많은 설화와 동화와 다른 점은, 주인공이 주어진 규칙을 언제 깨뜨리고 무엇을 할지 스스로 결정해야 하는 '개인'이라는 데 있다. 설화나 동화 속 주인공은 다른 등장인물이 정해준 규칙을 따라야만 한다. 그 규칙을 잘 따르면 성공한다. 종교적 암시도 뚜렷하다. 그리고 주인공은 도덕적인 인물이다. 반면 소설 속 주인공은 욕망으로 가득찬 현실적인 존재이며, 특정 집단의 표상으로 이해하기는 어려운 개별 인간이자 일개 시민이다.

소설은 문학의 총아로 등극하면서 더이상 저급 갈래로 취급받지 않았다. 그렇지만 소설의 수준과 종류는 다양히 나뉘었다. 지식인과

시대를 앞서 사고하는 이들에게 사랑받는 세련된 고급소설이 있는가 하면, 교양을 갖춘 평균 독자들이 열광적으로 읽는 중급소설이 있었다. 점점 늘어나는 대중 독자의 기호를 충족시켜주던 저급소설과 그 수준에도 이르지 못하는 쓰레기 같은 소설까지 존재했다. 과거엔 상대적으로 소설이 저급 갈래의 대명사였지만, 찾는 이들이 늘면서 문학에서 소설의 위상은 전보다 더 높아졌다. 시문학보다 더 높게 평가하는 분위기마저 생겨났다.

정통 주류 문학이었던 시와 비교해 소설은 거의 모든 면에서 달랐다. 소설가는 학자나 문인 등 특권을 가진 지식인이자 지도자가 아니라, 평범한 사람이거나 찢어지게 가난한 지식인인 경우가 많았다. 국내에서 대중 독자가 좋아한 군담영웅소설의 창작자도 몰락한 양반이나 생계유지를 위해 글을 쓰는 가난한 지식인이었다.[2] 소설의 주인공도 고전적인 주인공과 달리 독자 같은 보통 사람이었다. 자신의 노력이나 의지와 상관없이 고난과 슬픔을 당하고 운명을 저주하거나 운명에 순응할 수밖에 없는 필부필부의 모습을 보여주었다.

독자 역시 보통 사람이었다. 소설의 주독자는 대체로 젊은 백작부인이나 사대부 집안의 여성, 농부의 딸, 학생 등 사회적으로 약자의 위치에 있거나 기득권을 갖지 못한 여성과 젊은이, 노동자였다.[3] 18세기에 신흥 독자를 중심으로 동양과 서양에서 오락용 독서물로 소설의 수요가 늘어난 이후, 19세기에 이르자 소설의 위상과 영향은 한층 커져갔다. 18세기에 이미 소설이 꾸준하게 출간된 런던이나 파리는 물론, 이보다 조금 늦게 동참한 모스크바, 상트페테르부르크에서도 그 분위기는 비슷했다.

피에트로 키아리.

18세기 이탈리아 소설가인 피에트로 키아리는 소설 40여 편을 남겼는데, 소설에 대한 당시 사회적 인식을 『이탈리아의 프랑스인*La Francese in Italia*』(1759)이라는 작품에 이렇게 적었다. "요즘 서적상들은 오직 소설만 원하니, 팔리는 책을 쓰고 싶다면 그들의 요구대로 소설을 넘겨줘야 한다."[4]

소설이 가치가 뛰어난 상품으로 여겨지자, 소설을 전문적으로 쓰는 작가가 늘어갔다. 인기를 얻은 소설은 엄청나게 판매되고, 소설가의 명성도 국내외적으로 높아졌다. 요한 볼프강 폰 괴테의 『젊은 베르테르의 슬픔』, 장 자크 루소의 『신 엘로이즈』, 새뮤얼 리처드슨의 『파멜라』는 18세기 유럽 전역을 휩쓸고 아메리카로까지 퍼져나갔다. 작품이 성공하고 작가가 명성을 얻는 흐름에 큰 자극을 받은 수많은 작가가 소설 창작에 뛰어들면서 19세기는 가히 소설의 시대라 할 만했다.

하지만 소설의 인기가 높아질수록 작품의 질과 격을 걱정하는 목소리 또한 커졌다. 소설을 두고 격이 떨어지는 갈래일 뿐 아니라, 독자를 그릇된 방향으로 이끄는 사탄 같다고 당시 사회 기득권 세력이던 보수적 지식인과 종교인은 신랄하게 비판했는데 어느 정도 일리가 있는 말이었다. 그도 그럴 것이 수많은 소설이 상품으로 소비되면서 작품의 수준이나 격을 높이기보다 심심풀이 오락거리로 더 자극적이고 비도덕적인 내용을 제공하는 콘텐츠로 변질되었기 때문이다.

독서의 역사, 취향의 역사

중세에서 근대로 넘어가던 시기에 사회는 교육과 문해력을 갖춘 엘리트를 중심으로 재편되었다. 이때 기존 엘리트 중심 문화와 차별화를 시도하며 대중문화가 나타났다. 문학 분야에서도 대중적인 인기를 담보한 독서물 형태가 생산되었다. 중세 궁정문학이 챕북chapbook 형태로 발전한 '기사도 로맨스문학'이 바로 그 예다.

일반인이 세책 방식으로 책을 접하기 전까지만 해도 책을 읽고 소유함은 그 자체로 가진 자들의 권력과 신분을 상징했다. 이 때문에 서민과 하층계급은 오랫동안 독서 문화에서 소외되었다. 책의 유통과 소비가 종교 및 정치 지배자의 통제에서 벗어나 일반인들이 일상적으로 누리게 되면서부터 세책 독서는 비로소 의식과 사회를 바꾸는 윤활유가 되었다. 그런 모습이 18세기 중반 이후로 서서히 나타나 그 결과 책을 접할 기회가 급증하고 문해율도 상승했다.

문해력을 지닌 독자층은 대량 인쇄 시장의 발전과 맞물려 확대됐다. 서적 출판과 유통, 그리고 독자의 수요가 독서의 형태와 가치까지 결정짓는 새로운 요인으로 작용했다. 그리고 민간 세책점이 여성을 대상으로 서비스를 제공하면서 독서가 도덕적·지적 기능을 담당해야 한다고 여기던 전통적 관점에서 벗어나 여성들의 사회적 요구를 반영하는 형태로 세책 독서가 이뤄졌다.

미국 세책점은 여성들에게 맞춤형 서비스를 제공했다. 여성 고객에 충실한 세책점은 여성들에게 교양과 훈계를 목적으로 독서를 장려하던 교육기관인 양, 교훈적인 주제를 담은 대중소설을 주로 취급하는 장소로 변해갔다. 1831년에 엔디콧Endicottt과 스웻Swett이 그린 판화를 보면 19세기 초 당시 여성 독자를 어떻게 바라보았는지 짐작할 수 있다. 엔디콧과 스웻은 세책점을 의인화해 머리끝부터 발끝까지 책으로 포장된 옷을 입은 여성의 모습으로 그려놓았다.[5]

이 판화는 여성 독자의 모습을 통해 세책점이 소비자 취향으로 변화하면서 책의 가치를 바꿀 것이라는 메시지를 담아냈다. 요컨대, 학식이 낮은 계층이나 저학력 계급과 사회적 약자였던 여성들도 이제 경쟁적으로 책을 빌려 보게 된 시대상을 의미한다. 세책 문화의 형성은 일종의 상업혁명과도 같았다. 당시 도덕주의자들은 세책점에서 책을 빌려 보는 행위야말로 비합리적인 질투와 자기 방종을 야기하는 길이라고 비판했다. 그러나 이는 세책점에서 취급되는 도서가 실은 실리 추구가 가능한 상품임을 내세운 말이나 마찬가지였다.

물론 이 판화를 달리 해석한 이들도 있었다. 여자는 책을 읽는 것

엔디콧과 스웻, 〈유료 대출도서관The Circulating Library〉, 목판화, 1831.
미국 골동품 협회 소장.

보다 책을 입는 편이 더 낫다는 비아냥거리는 시선이라고 보는 이도 있다. 설령 그런 의미라 해도 여성이 직접 책을 골라 읽은 것은 분명하다. 다수의 일반 독자가 여가 활동의 일환으로 독서 상품을 소비하고, 그러면서 자기 기호에 맞는 옷을 입고 즐거워하는 모습이라는 긍정적 평가가 가능한 이유도 여기에 있다. 결국 이 판화는 '독서의 역사는 곧 취향의 역사'임을 잘 보여준다.

전 세계적으로 18세기에 이르러 독서는 더이상 소수 특권층이 전유하는 사치 활동이 아니었다. 다양한 경로와 방법으로 독서에 참여하는 대중이 전면에 등장했다. 대중이 독서의 주체로 자리하는 데 세책 독서가 불쏘시개 역할을 했다. 세책점과 도서관, 독서 클럽을 통해 대중은 독서에 대한 갈증을 해소했다. 책을 읽을 만한 여유가 생긴 중하층 독자와 여성 독자를 포섭하면서 소설 독서 시대는 서막을 열었다.

새로운 독자층에는 노동자 계층 남성뿐 아니라 여성과 아이도 포함되었다. 세책점이 생기기 전까지만 해도 여성, 아동, 노동자는 문학책에 빠질 기회조차 거의 없었다. 책을 구매할 능력이 없는 이들을 상대로 책을 빌려준 세책업자들의 행위는 독자층의 확대를 염두에 둔 획기적인 상업 전략이었다. 대여 수수료가 저렴했기에 개인적으로 책을 구매하는 것보다 빌리는 것이 독자 입장에서는 합리적인 소비였다.

18~19세기에 걸쳐 세책 독서가 이뤄지며 독서 방법도 크게 변화했다. 기존에는 소리 내어 읽는 낭독(음독)을 했다면 이때부터 눈으로만 읽는 묵독을 시작했다. 낭독은 마을 공동체 또는 특정 집단에서 함께 공유하는 독서 방식이었다. 이에 반해 묵독은 혼자 책 읽는 것을 의미했다. 혼자서 책 읽기가 가능해지자 현실 비판 서적, 불온서적, 금서 같은 책도 읽을 수 있었다. 개인 독서와 묵독은 몰래 숨어서 읽는 독서로도 연결되었다.

세책점에서는 종교 서적 중심의 구성을 탈피해 오락적 독서물, 곧 소설과 역사서, 여행서, 가십성 이야기책, 교양서 등 다양한 도서를 취급하게 됐다. 그렇기에 세책 독서는 '깊이 읽기'가 아닌 '넓게 읽기'

를 가능하게 했다. 세책 독서를 통해 세책 독자들은 세계를 바라보는 시야가 넓어졌고, 개인 및 사회 문제에도 더 깊은 관심을 갖게 되었다. 종교적 세계관에 매몰되지 않고 인간 중심적 세계관을 지닌 다수의 독자가 생겨났다.

책이 일종의 소비 활동으로, 독서가 더이상 진지한 학문 탐구 내지 종교적 수양 활동이 아닌, 여가 또는 취미, 교양 활동으로 인식되기 시작했다. 세책 독서 이전에는 작품성이 중요한 가치였으나 세책 독서가 활발해진 이후로 대중성, 다시 말해 통속성(오락성)과 정보성(교양), 이 두 가지가 더 중요한 독서 목적으로 인식되었다. 종교 서적, 위인전, 역사서가 아닌 소설로 대표되는 통속문학이 세책점의 인기 도서로 떠올랐다.

3

ㅣ한국ㅣ

세책 독서 문화 강국

고소설을 빌려 읽는 행위는, 상업경제가 발달하고 소설이란 장르에 열광하며 한글 독해가 가능한 독자층이 형성되면서 나타난 시대적 결과물이다. 즉, 중세적 가치관과 문학 양식을 거부하고 새로운 시대 의식을 모색하던 이들 때문에 발전한 일종의 문화였다. 시장경제 체제로의 전환이라는 물적 토대가 있었기에 이러한 흐름이 생겨날 수 있었다. 상인과 중인 그리고 서민들은 이 과정에서 시장경제의 주체가 되었다. 오랫동안 책은 함부로 사고팔 수 있는 물건이 아니라 여겼으나 서민들이 시장경제에 눈을 뜨고 점차 책을 교환가치가 있는 물건으로 인식하면서 자연스럽게 서적 유통 및 거래도 활발해졌다. 그렇기에 어느 정도 대가를 치르고서라도 원하는 독서물을 획득하여 지적·감상적 만족과 희열을 맛보고자 하는 독자들이 점차 늘어났다. 이러한 소비자들의 행태와 욕구를 간파하고 이에 부응하는 서적 유통 시스템을 마련한 이들이 바로 상인, 특히 서적행상과 중인이었다. 게

다가 세책 영업 방식을 활용해 더 쉽고 편리하게 소설 독서를 가능하게 만든 주역도 책쾌 (또는 서쾌), 즉 서적행상이었다.

서적행상들이 세책점을 만들어 운영하며 소설 유통에 긴요한 역할을 했음을 채제공의「여사서서」에서 확인할 수 있다.

> 근세에 안방의 부녀자들이 경쟁하는 것 중에 능히 기록할 만한 것으로 오직 패설稗說이 있는데, 이를 좋아함이 나날이 늘고 달마다 증가하여 그 수가 천백 종에 이르렀다. 쾌가儈家는 이것을 깨끗이 베껴 쓰고 빌려주었는데, 번번이 그 값을 받아 이익으로 삼았다.[1]

채제공은 이처럼 도서대여가 '쾌가'에서 이루어졌다고 밝혔다. 조선에서 세책업이 18세기 중반에 성행했음을 보여주는 가장 이른 시기의 기록이라는 점에서「여사서서」의 언급은 문학사적으로도 중요한 의미를 지닌다. 서적 유통이 활발하지 못한 시기에 독자를 찾아 집집마다 지역마다 돌아다니며 책을 팔거나 대여해준 책쾌 중 일부가 영업 방식을 바꿔 한곳에 자리를 잡고 찾아오는 독자에게 책을 빌려주고 이윤을 취하는 방식으로 변화를 꾀한 것이다. '쾌가'에서 소설을 깨끗하게 베껴 썼다淨寫고 했는데 이러한 행위 역시 자신이 직접 옮겨 적는 일이 흔했던 시절에 책쾌가 직접 필사하거나 전문 필사자에게 맡겼다는 의미로 받아들일 수 있다. 서적행상은 서적 전달과 매매뿐 아니라 편집자 혹은 문화 출판 기획자 역할까지 담당한 셈이다.

18세기 들어 소설에 대한 수요가 급증하자 독자들은 앞다퉈 소설책을 빌려다 보려 했다. 이는 공급자 입장에서 분명 좋은 기회였다. 문제는 독자의 수요를 어떻게 충족시키느냐였다. 이런 사회적 변화와 독자의 요구에 재빠르게 대응한 주체가 실물 경제에 밝은 중인이나 책쾌 같은 상인이었다. 17세기 이후 초창기 민간 서점의 형태로 보이는 남원의 '박고서사博古書肆'나 실록에 등장하는 18세기 '약계책사藥契冊肆'의 운영 주체도 중인이었다.

1752년 『영조실록』에 보면 이인석과 박섬이 약계에서 운영하던 책사가 서소문 안에 있었는데 여기서 이양제라는 이가 『대명률大明律』을 사가기도 했다는 기록이 나온다.[2] 이 기록대로라면 국내에도 일부 민간 서점이 존재했고 여기에 책쾌들이 자주 드나든 듯하다. 조희룡도 『호산외기壺山外記』(1844)에 박도량의 서사에서 18세기 후반에 유명했던 책쾌 조신선을 직접 보았다고 적었다.[3] 조신선은 서점에서 서적을 공급받아 구입자들에게 팔려고 서사를 출입한 것으로 보인다.

책쾌는 그들 나름대로 서책의 구입처와 유통 방식을 잘 알았다. 단골 독자(구매자)를 이미 확보하고 있었기에 영업 방식을 바꾸는 일은 큰 모험이 아니었다. 세책업을 하려면 물건 매매에 익숙한 거간 또는 상인이면서 독자의 기호와 취향을 잘 알고 시장 동향까지 파악해야 유리했을 것인데, 중인이나 책쾌가 이에 적합했다. 정해진 장소에서 독자를 기다리며 서책을 판매하는 세책업으로 영업 방식을 바꾼 이들이 생겨난 현상은 이곳저곳으로 독자(구매자)를 찾아다니며 서책을 판매하고 중개한 책쾌들의 경험과 안목뿐 아니라 축적된 자본이 시대적·사회적 변화와 맞물려 등장한 셈이다.

조선시대에 소설을 읽는 독자가 늘어나게 된 것은 임진왜란과 병자호란을 전후한 시기로, 중국소설이 국내에 들어오고 이를 번역한

국문소설이 나타난 이후부터다. 이때 국내에 들어온 중국 통속소설은 『삼국지』를 비롯해 『수호전』 『서유기』 『서주연의』 『초한연의』 등 연의류 작품이 주를 이루었다. 수입 초기에는 한문으로 쓰인 소설이 많았기에 사대부 남성 문인이나 역관, 중인 등으로 그 독자층이 한정되었다. 그러나 한문소설이 국문으로 번역되면서 사대부 남성은 물론이고 국문을 익힌 사대부 여성과 하급 관리, 서민층까지 독자층이 급속히 확대되어갔다.

평생 독서와 학문에 몰두했던 숙종 때 학자 조성기는 평소 소설책을 즐겨 읽던 노모老母에게 새 작품을 종종 구해다 드리는가 하면 소설 『창선감의록』을 직접 지어 바치기까지 했다. 그의 문집 『졸수재집拙修齋集』을 보면 당시 그의 노모가 소설을 얼마나 좋아했는지를 알 수 있다.

> 말년에 태부인太夫人, 조성기의 모친을 어느 별당에 모셨는데, (조성기가 그의 어머니를) 받드는 예절은 사랑과 공경의 도리로 매사에 지성을 다했으며 지극하고 극진하지 않음이 없었다. (…) 태부인은 총명하고 슬기로워서 고금의 사적史籍이나 전기傳奇를 모르는 것이 없을 정도로 두루 알았다. 늘그막에는 누워서 다른 사람이 읽어주는 소설을 즐겨 들었는데, 이는 잠을 쫓거나 시름을 잊기 위함에서였다. 그래서 (조성기는) 항상 누워서 책 읽기를 듣는 일이 계속되지 못할까 근심하였다. 남의 집에 아직 그의 모친이 읽지 않은 책이 있다는 소식을 듣게 되면 조성기는 어떻게 해서든지 그것을 구해오곤 하였다. 또 때로는 직접 옛날이야기에 의거하여 연역해서 몇몇 작품을 지어 바치기도 했다.[4]

윗글에 보면 나이 많은 조성기의 모친은 잠을 쫓거나 시름을 잊고자 소설을 즐겨 읽었다고 한다. 이로써 그 당시 사대부 집안의 여성들의 취향과 독서 생활을 엿볼 수 있다. 자식 된 입장에서는 당시 인기 있던 국문소설을 직접 지어 바치거나 구해다 드리는 것이 효도의 한 방법이었던 셈이다.

소설을 공공연하게 읽을 수도 구할 수도 없던 시기였던 만큼, 소설책을 수중에 갖고 있기란 쉽지 않았다. 하지만 소설 독자들의 요구는 꾸준했기에 이를 충족시키려고 번역한 작품이나 창작한 한글 작품을 암암리에 다시 베껴 보급하는 이들이 자연스럽게 나타났다. 이들 중에는 영리를 목적으로 필사한 책을 가지고 집집마다 방문하면서 거래하던 책쾌冊儈나 가세가 기울거나 빈한하게 살아가던 문인 또는 여성 필사자가 있었다.

조태억의 모친 윤씨 부인도 아예 소설책을 통째로 필사해서는 고이 보관해두었다. 그런데 애지중지 보관하며 읽던 소설책 『서주연의』를 다른 사람이 하도 간청하는 바람에 잠시 빌려준 적이 있었다. 그런데 빌려간 사람이 책 한 권을 분실해버렸다. 공교롭게도 그 책이 어렵사리 원본을 구해 베껴둔 것이었기에 윤씨 부인의 낙심은 이루 말할 수 없었다. 조태억은 이런 사정을 그의 문집에서 다음과 같이 기록해 놓았다.

> 우리 어머니께서 기왕에 국문으로 『서주연의』 십수 편을 베껴놓은 것이 있었다. 이는 본래 한 권이 빠져서 권질을 채우지 못해 어머니께서 늘 서운하게 여기셨다. 오랜 시간이 지난 뒤 한 호고가好古家에

게서 전질을 얻어 부족한 부분을 채워 그 책이 완전해졌다. 얼마 지나지 않아 한 여항의 여자가 어머니께 그 책을 빌려 보기를 간청하므로 어머니는 곧 그 전질을 빌려주었다. 얼마 후 그 여자가 또 찾아와서 "빌린 책을 삼가 돌려드립니다. 그런데 길에서 한 책을 잃어버렸습니다. 아무리 찾아도 찾을 수가 없었습니다. 죽을죄를 지었습니다. 죽을죄를 지었습니다"라고 말했다.

어머니께서는 짐짓 용서하시고 잃어버린 것이 어느 책인가 물었더니, 나중에 베껴서 채운 그 책이었다. 완질로 갖추어진 책이 이제 다시 불완전해지니 어머니께서는 심히 애석해하셨다.[5]

그런데 재미있는 일이 벌어졌다. 소설책을 분실한 지 2년이 지난 어느 날, 조태억의 아내가 무료해하다가 집안의 여인에게 읽을 만한 소설책이 있는지 물어보았다. 여인은 마침 자신이 갖고 있던 소설책을 빌려주었는데, 가만히 보니 그 책은 시어머니, 즉 윤씨 부인이 필사해두었다가 분실했다는 바로 그 소설책이었다. 놀란 가슴을 진정하고 그 여인에게 책을 소유하게 된 경위를 물어보았다. 여인은 그 책을 자기 일가에서 빌렸고, 일가 사람은 마을 사람에게서 샀고, 마을 사람은 그 책을 길에서 주웠다고 답했다.

결국 조태억의 아내는 필사본의 원주인이 윤씨 부인임을 이야기하고 그 책을 돌려받았고, 잃어버렸던 소설책이 원주인 손에 들어오게 되었다. 참으로 기이한 인연이 아닐 수 없다. 이 이야기로 소설책을 구하기 어려운 시절에 그것을 구해서 그대로 필사해두었다가 심심하거나 읽고 싶을 때 꺼내 읽던 사대부 여성들의 독서 문화를 엿볼 수 있다.

이 이야기에서 또 하나, 조태억 집안의 사람이 자기 마을에 사는 모씨로부터 소설책을 매입했다고 대답한 사실에 주목할 필요가 있다. 모씨는 그 책을 길에서 주웠다고 하지만, 우연히 주운 책을 마을 아무개가 돈을 받고 일가 사람에게 팔았다는 내용은 서적 매매를 부정적으로 여기던 조선 사회의 의식에 비춰볼 때 의아하다. 그것도 소설책을 돈을 받고 팔았다 하는데 당시 시대상에 비춰볼 때 길에서 주운 소설책을 다른 사람에게 돈을 받고 팔았다는 마을 사람은 그 당시에 활동하던 서적행상 또는 세책점 주인이었을 수도 있다.

세책 소설 독서에 열광한 독자들

양반들은 한문 서적을 읽으며 학문을 수련하고 지식을 쌓을 수 있었지만, 여성들이 읽을 수 있는 책은 국문으로 된 것뿐이었고, 그중에서도 소설책이 가장 구미에 맞았다. 하지만 소설 독서를 금기시하던 사회적 분위기 때문에 여성들은 공공연하게 소설을 읽을 수 없었다. 그런 긴장 관계 속에서 여성들은 소설을, 그것도 남몰래 애간장을 태우며 읽을수록 독서열은 더 뜨거워질 수밖에 없었다. 조선 후기 여성들의 소설 독서열은 억눌린 욕구 해소와 감정이입을 통한 대리 만족의 결과라 해도 과언이 아니었다. 소설에 대한 여성 독자들의 뜨거운 열기가 사회 저변에 확대되고 시장경제가 활기를 띠자, 독자들의 욕구와 사회 변화를 반영하는 서적 유통망으로 세책점과 서점 또는 서적행상이 등장했다.

사대부가 여성 독자들이 세책 고소설 읽기를 얼마나 좋아했는지 추측할 만한 단서로 채제공과 이덕무의 글이 남아 있다. 앞서 언급했듯이, 영·정조 연간에 요직을 두루 역임한 채제공은 자기 부인이 쓴 『여사서女四書』 서문을 쓰면서 국문소설 또는 번역(번안) 소설에 빠져든 당시 부녀자들의 행실을 경계하는 내용의 글을 다음과 같이 남겼다.

> 근세에 안방의 부녀자들이 경쟁하는 것 중에 능히 기록할 만한 것으로 오직 패설이 있는데, 이를 좋아함이 나날이 늘고 달마다 증가하여 그 수가 천백 종에 이르렀다. 쾌가는 이를 깨끗이 베껴 쓰고 무릇 빌려주곤 했는데, 번번이 그 값을 받아 이익으로 삼았다. 부녀자들은 식견이 없어 혹 비녀나 팔찌를 팔거나 혹 빚을 내면서까지 서로 싸우듯이 빌려 가지고 가서 그것으로 긴 해를 보냈다.[6]

조선 후기에 글을 읽을 줄 알았던 여성들은 양반집 부녀자들과 궁녀 정도였을 것이다. 그런데 채제공에 의하면, 한글을 깨우친 부녀자들이 패설을 경쟁적으로 빌려 읽었다고 했다. 여기서 패설이란 소설을 의미한다. 처음에는 항간에 떠돌던 잡다한 이야기를 패설이라 일컫다가 이내 소설을 지칭하는 말로 쓰이게 되었다. 채제공의 글에 따르면, 이미 18세기 중반에 사대부 집안의 부녀자들이 소설 읽기에 탐닉했으며, 비녀나 팔찌를 파는가 하면 빚을 내고 가산을 탕진할 정도로 세책에 흠뻑 빠져 지냈다. 세책의 종수가 천백 가지를 헤아릴 정도였다니 실로 다양한 작품이 세책의 대상이 되었음을 알 수 있다.

하지만 세책본 고소설 독서의 인기에는 심상치 않은 개인적 폐해와 사회적 파장 또한 따랐다. 오늘날 인터넷 게임이나 도박에 빠져 지내는 폐인들을 방불케 하는 소설 독서가 여성 독자들 사이에서 벌어졌다. 당시 소설이 개인과 사회에 어떤 폐해와 파장을 끼쳤는지를 정약용의 신랄한 비판을 통해 확인할 수 있다.

> 패관잡서稗官雜書는 인재人災 가운데 가장 큰 재앙입니다. 음탕하고 추한 어조가 사람의 심령을 허무맹랑하게 하고, 사특하고 요사스러운 내용이 사람의 지혜를 미혹에 빠뜨리며, 황당하고 괴이한 이야기가 사람의 교만한 기질을 부추기고, 시들어 조각조각 부스러지듯 느른하고 조잡한 문장이 사람의 씩씩한 기운을 녹입니다. 자제子弟가 이를 일삼으면 경사經史 공부를 울타리 밑의 쓰레기로 여기고, 재상이 이를 일삼으면 묘당의 일을 보잘것없는 것으로 여기고, 부녀자가 이를 일삼으면 길쌈하는 일을 끝내 폐지하게 되니, 천지간에 어느 재해가 이보다 더 심하겠습니까? 지금부터 나라 안에 행해지는 것을 다 모아 불태우고 북경에서 패관잡서를 사온 자는 중벌로 처단한다면 사특한 이야기가 거의 소멸하고 문체가 진작할 것이라 생각합니다.[7]

위 글에서 언급한 패관잡서가 바로 소설이다. 정약용은 사람이 만들어낸 재앙으로 소설 탐독이 으뜸이라고 했다. 한번 소설책을 들면 읽기를 마칠 때까지 다른 일에 소홀해져 결국 자신의 책무를 다하지 못하게 되는데, 공부하는 학생이나 종묘사직을 책임져야 하는 고위 관료나 집안 살림을 해야 하는 부녀자나 모두 매한가지라고 했다. 지위 고하를 막론하고 소설에 빠져든 이는 모두 패가망신한다고 했다.

국문소설 작품들이 비정통적이고 반윤리적이며 음란하다는 이유로 조선 후기에 사대부들은 국문소설을 배척하는 문화를 형성했다. 그러나 이는 어디까지나 조선 후기 사회에 표면화된 안티anti 문화였다. 실제로는 남성 문인들과 사대부가 여성들 사이에서 중국에서 들어온 통속소설의 애독은 빈번히 이뤄졌고, 이것이 소설 발달을 자극하는 하나의 동인動因이 되었다. 사회적 제약이 심한 사대부 집안의 여성들이 경쟁적으로 돈을 주고 소설책을 빌려다 읽는 기현상이 일어날 정도로 예측 불허의 상황이 벌어졌다. 이렇듯 소설 독서의 제일선에 여성 독자가 선 것은 국내뿐 아니라 영국, 미국, 일본 등 여러 나라에서도 공통으로 나타난 현상이었다. 여성 독자들이 세책용 소설책 독서를 한 점까지 장소를 불문하고 동일했다.

채제공이나 이덕무, 정약용이 살던 18세기 후반~19세기 초반은 가히 소설의 전성기였다. 여성 독자의 형성과 성장 그리고 세책업의 등장이 맞아떨어지면서 소설의 유통과 보급이 급속도로 이루어졌다. 16세기 후반에 중국소설이 들어온 이후로 이를 번역한 국문소설이 17세기에 다수 나타났고, 한문소설과 국문소설이 창작된 17세기 후반~18세기 초반 이후로 엄청난 양의 국문장편소설과 영웅소설, 가정소설이 쏟아져나왔다.

조선 후기에 왕실 도서관이었던 낙선재樂善齋에는 상당한 분량의 국문소설이 소장되어 있었다. 이 소설책은 주로 왕실의 여성들과 궁녀들이 즐겨 읽었다. 원래 가난한 선비들이 창작한 국문소설이 세책점을 통해 유통되다가 궁중까지 흘러들어온 것이다.[8] 성역이라 할 궁궐 안까지 들어갈 정도로 세책 소설의 영향력은 대단했다. 낙선재본 고소설은 대개 국문장편소설로, 세책업이 성행한 배경에는 장편소설을 선호하던 독자층, 특히나 사대부가 여성들의 요구가 있었다.[9]

천의 얼굴을 지닌 세책 소설

세책점에서는 어떤 소설들을 빌려 보았을까? 시기에 따라 인기를 끈 소설이 달랐는데, 세책점이 등장해 활기를 띤 18세기 후반에 여성들은 주로 한글로 번역 또는 번안된 중국소설 및 국내에서 창작된 국문장편소설을 즐겼다.

이덕무는 『사소절』 서문에서 여성들의 소설 탐독을 경계하면서 "언번전기諺飜傳奇는 빠져 읽어서는 안 된다"라고 했다. 언번전기란 한글로 번역한 전기, 즉 중국소설의 번역 또는 번안 작품을 의미한다. 이학규는 『낙하생고』에서 "요즘 비단옷을 입은 부녀자들이 언번소설諺飜小說을 너무 좋아한다"라고 했으며, 채제공도 『여사서』 서문에서 "근래 부녀자들이 앞다투어 능사로 삼는 것은 오직 패설뿐"이라고 했다. 이처럼 사대부 여성들이 18세기 말~19세기 초에 경쟁적으로 빌려 본 언번전기, 언번소설, 패설은 대개 중국소설의 번역(안) 작품이었다.[10]

이와 비슷한 시기에 대마도의 역관이었던 일본인 오다 이쿠고로오小田幾五郎는 『상서기문象胥記聞』(1794)에 조선 사신에게 전해들은 내용을 기록했다. 그는 당시 조선인들이 즐겨 읽던 소설 목록을 제시했는데 『장풍운전』 『구운몽』 『최현전崔賢傳』 『장박전張朴傳』(일명 『장백

전』) 『임장군충렬전林將軍忠烈傳』 『소대성전』 『소운전』 『최충전崔忠傳』 등 대부분이 조선에서 창작된 국문 영웅소설이었다. 이 작품들의 주인공은 역사적 또는 허구적 영웅들인데 이들이 악인과 대결을 벌이는 영웅담이 주된 구성이었다. 그 밖에 『사씨전謝氏傳』 『숙향전淑香傳』 『이백경전李白慶傳』 『옥교리玉橋梨』 『삼국지』 등 중국 고사를 소재로 삼아 창작된 국문소설 또는 한글로 번역된 중국소설도 있었다.

19세기 후반 한국을 찾아왔던 외국인들의 눈에 비친 세책본 고소설 작품들 역시 『상서기문』에 언급된 작품들과 비교해보면 별 차이가 나지 않는다. 그들이 증언하는 바에 따르면, 세책점에서 보유한 수많은 소설책 중 국내 창작 국문소설은 물론 『서유기』 『수호전』 『서상기』 등 번역된 중국소설이 적지 않았다. 18세기 후반과 비교해 다른 점이 있다면, 방대한 양의 국문 장편소설이 다수 포함되었다는 사실이다. 19세기 후반 세책점에서 빌려준 방대한 분량의 국문장편소설은 인쇄본(방각본)이 아닌 필사본이었다.

세책점에서 장편소설을 즐겨 취급했다는 사실은 최남선의 「조선의 가정문학」에도 잘 나타난다. 최남선은 당시 향목동에 위치한 세책점에서 소장중인 책의 목록과 책수를 구체적으로 기록해놓았다.

> 대저 언문소설諺文小說이란 것은 그 종류가 여럿이 있어서 가장 고급의 것은 궁중에서 규칙 있게 번역하여 보던 것으로 『홍루몽』과 같은 소설과 『선진일사禪眞逸史』와 같은 남녀 애정 관계의 것까지 국내외와 고금에 걸쳐 심히 다수의 종류를 포괄하여 있으며 가장 저급한 것은 일반 민중을 상대로 하여 손쉽게 팔기를 목적으로 하

여 간단단소簡單短小한 것, 설사 원문이 긴 것이라도 기어이 간단하게 만들어서 열 장 스무 장의 한 권으로 판각해낸 것이니 이런 것은 아마 서울과 지방을 합해 불과 사오십 종쯤 될 것이며 이 두 가지의 중간을 타고 나간 것에는 아마 서울에만 있었던 듯한 세책이란 것이 있으니 곧 대소장단大小長短을 물론하고 무릇 대중의 흥미를 끌 만한 소설 종류를 등사謄寫하여 삼사십 장씩 한 권을 만들어 많은 것은 수백 권이 한 질, 적은 것은 이삼 권이 한 질이 되어 한두 푼의 대여료를 받고 빌려주어서 보고는 돌려보내고 돌아온 것을 또다른 사람에게 빌려주는 조직으로 한창 전성기에는 그 종류가 수백 종 수천 권을 초과하였습니다. 수십 년 전까지도 서울 향목동이란 데—지금의 황금동 1번가 사잇골—에 세책집 하나가 남아 있었는데 우리가 조만간 없어질 것을 생각하고 그 목록만이라도 적어두려 하여 세책 목록을 베껴 써둔 일이 있는데 이때에도 실제로 세주던 것이 총 120종, 3221책(이중에 같은 종은 30종 491책)을 계산했습니다. 이중에서 『윤하정삼문취록』은 186권, 『임하정연林花鄭延』은 139권, 『명주보월빙』은 117권, 『명문정의明門貞義』는 116권인 것으로 꽤 장편의 것도 적지 아니합니다. 또 궁중 언문책 목록에는 『홍루몽』 124권, 『후홍루몽』 220권, 『속홍루몽』 24권, 『홍루몽보』 24권, 『홍루몽』만이 합계 384권에 이릅니다.

이런 소설들의 대개가 가정을 중심으로 인생 여정의 파란을 그리고 또 거기 임하는 태도를 가르쳐준다고 할 만한 것으로 사막 같은 가정에 이것이 샘 자리가 되고 골방 속에 갇혀 지내던 부인네에게 달 밝고 별 깜박거리는 시원한 하늘을 보여주는 것이 실로

이 소설의 세계이었습니다.[11]

최남선은 항목동 소재 세책점이 없어지기 전에 거기서 보유한 세책 소설 목록을 작성해놓았다. 그에 따르면 향목동 세책점에서 대여해준 책이 총 120종 3221책이나 된다고 했다. 현재 실물로 파악할 수 있는 작품들은 향목동 세책점이 보유했다던 작품 종수보다도 적은 91종 1431책이다.[12] 그런데 이는 대개 19세기 말부터 20세기 초에 유통되던 작품일 뿐, 18~19세기에 세책점에서 유통된 소설 작품까지 고려한다면 실제 규모는 이보다 훨씬 클 것이다. 그중에는 186권에 달하는 『윤하정삼문취록』이나 117권짜리 『명주보월빙』, 139권의 『임하정연』 등 거질의 장편소설도 포함되어 있다. 물론 이보다 훨씬 분량이 적은 10책짜리 『춘향전』이나 29책의 『하진양문록』, 10책의 『창선감의록』 등도 있었다.[13] 세책점 입장에서 장편소설은 분량이 긴 탓에 분책을 해놓으면 고객들이 계속해서 다음 편을 빌려다 볼 수 있기에 지속적으로 수입을 올릴 만한 상품이었다. 그렇기에 장편 국문소설도 마다하지 않고 필사해 세책으로 유통시킨 것이다.

일제강점기 때 소설가 박종화는 유년 시절에 고모나 왕고모 등이 세책점에서 『삼설기』 『사씨남정기』 『장화홍련전』 『유충렬전』 『옥루몽』 『흥부전』 『춘향전』 『삼국지』 등을 즐겨 빌려다 봤다고 했다.[14] 국내 국문소설 및 번역된 중국소설이 근대까지도 꾸준히 세책 독자들의 사랑을 받았음을 알 수 있다. 『유충렬전』이나 『소대성전』 같은 국내 창작 영웅소설들은 '고귀한 혈통-기이한 탄생-탁월한 능력의 소유-기아棄兒 또는 헤어짐의 고난-조력자 및 구원자의 도움(양육)-성장

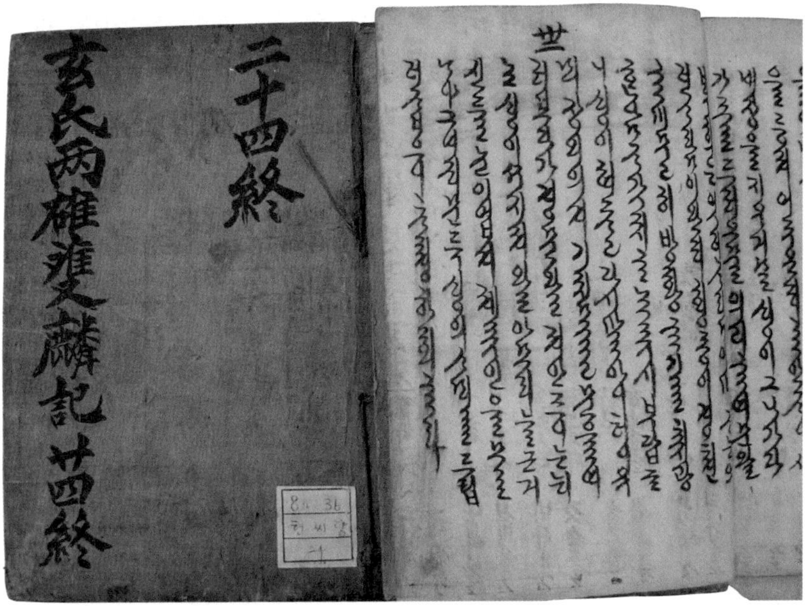

세책본 소설 『현씨양웅쌍린기』(권24) 표지와 본문 마지막 장.
본문 상단에 페이지를 나타내는 숫자가 적혀 있고, 본문 끝에 "ᄎᆞ청 하회ᄒᆞ라"라는 표현과 함께 침 자리에 아무 글자도 적혀 있지 않는 등 세책본 소설이 지닌 특징이 잘 보인다. 연세대학교 소장본. ©이민희

후 위기-위기 극복과 승리'라는 영웅의 일생을 기본 줄거리로 삼되 악인과의 대결과 갈등, 흥미진진한 전쟁담, 여성 주인공과의 결연結緣담 등을 곁가지에 깔아놓았기에 독자들의 흥미를 끌기 충분했다. 『흥부전』이나 『춘향전』 같은 판소리계소설들은 판소리에 대한 관심과 인기를 등에 업고 소설로 만들어져 기본적인 수요가 있었던데다 민중에 파고든 유교적 이념(충효 및 권선징악)을 현실감 있게 그려놓아 독자의 사랑을 받았다. 『사씨남정기』나 『장화홍련전』 『옥루몽』은 여성의 관심사를 다루고, 가정 내 갈등 및 시민의 흥밋거리를 현실감 있게

그려내 다양한 독자가 다각도로 즐길 만한 복합적인 소설이라는 점에서 애독되었다. 『삼국지』와 『수호전』처럼 중국의 역사와 난세 영웅호걸들의 빼어난 지략과 권모술수, 처세술을 한눈에 맛볼 수 있는 중국 역사소설들도 물론 빠질 수 없었다.

외국인의 눈에 비친 조선의 세책점, 세책 독서 풍경

미국인 선교사 호머 헐버트는 삼문출판사를 창립하고 조선의 문화와 문학에 오랫동안 관심을 가지고 연구한 외국인이다. 그가 조선의 한문학과 국문소설을 구체적으로 소개하고 세책점에 관해 언급한 글을 보자.

> 한문소설 외에도 한국에는 순국문으로 된 소설들도 상당수 존재한다. 이러한 이야기들은 아주 소수인 양반 식자층에게 멸시받고 있지만, 실제로 이러한 소설들의 내용을 전혀 모르고서 대화를 나누는 식자층은 거의 없다. 이 소설들은 이 나라 모든 곳에서 살 수 있고, 그중 서울에서만 세책점circulating library이 최소 7개 있다. 세책점에는 한문본과 국문본이 수백 종 있다. 이 소설 대부분은 작자 미상이며, 그 내용은 작가들의 도덕성을 그다지 좋게 반영하고 있지 않다. 하지만 소설들의 내용이 아무리 저속하더라도 그것을 그 당시 한국 도덕성의 진정한 거울로 보아야 할 것이다.[15]

헐버트의 증언에 따르면, 사족 계층인 양반들도 국문소설을 잘 알았으며 세책점에서 국문소설뿐 아니라 한문소설도 취급했다. 사대부들이 한문소설 위주로 독서한 것은 사실이지만 그렇다고 해서 국문소설을 아예 읽지 않았다거나 한글을 몰랐던 것은 아니었다. 세책점에서 한문본까지 취급한 것은 19세기 후반 이후의 일로, 세책점 고객이 사대부 양반으로까지 확대되자 고객의 요구에 부응하고자 한문본까지 세책 품목에 포함한 것이다. 이러한 변화에서 여성이나 하층민뿐 아니라 중상층 남성으로까지 고객이 확대되었음을 알 수 있다.

미국인 선교사 앵거스 해밀턴도 세책점과 독자에 관한 이야기를 한 적이 있다. 그 또한 다른 증언자들과 마찬가지로 여성 독자가 국문소설을 즐겨 읽었으며 궁녀들까지도 국문소설을 애독했다고 했다.

> 이러한 많은 책은 조선 여성들이 꾸준히 정독했는데 그 내용을 모르면 상류층 여성들과, 그리고 좀 덜 심한 정도로, 중산계층 여자에게 멸시를 받는다. 궁 안에 있는 궁녀들은 가장 많이 독서를 하는 언문학자들이다. 그녀들의 조정 내 지위 때문에 의무적으로 정부의 지시, 시사 정보, 일반의 소문을 황실을 위해 국문본으로 준비해야 한다. 국문으로 쓰인 책은 조선의 모든 계급이 쉽게 사고 세책점에서 빌릴 수 있다.[16]

여기서 해밀턴은 여성들끼리 모인 자리에서 당시 유행하던 국문소설의 내용을 모르면 상류층과 중산층 여성 사이에서 따돌림을 당했다고 했는데 이는 처음 드러나는 이야기다. 장편 국문소설에는 역사

차양막을 친 서울 노점.
가판대 위에 책들이 진열되어 있다.

적 사실뿐 아니라 실생활에서 일어날 법한 사건과 갈등이 많이 담겨 있어 여성들에게 교육상 좋다고 인식될 법한 요소가 적지 않았다. 그렇긴 하나 소설을 읽지 못한 이들은 대화에 끼지도 못하고 교양 부족이라는 이유로 무시를 당하는 분위기였다니 놀랍기만 하다. 이러한 사정은 궁궐 밖에서나 안에서나 마찬가지였다. 궁궐 안에서 생활하는 궁녀들도 소설의 주인공이나 사건을 잡담거리로 즐겼고, 소설이 취미생활을 공유하고 공감대를 형성하는 연결고리로 작용했다. 이렇듯 세책점에서 취급하던 국문소설이 상하 계층을 막론하고 쉽게 빌려 읽던 대중문학으로 확실히 자리매김한 사정을 해밀턴의 기록에서도 알 수 있다.

상점 앞 노인과 청년.
잡화와 책을 함께 진열해 팔고 있다. 서울역사박물관 소장.

그런가 하면 선교사 에드윈 쿤스는 1918년에 서울 세책점 36곳을 돌아다니며 조사했다. 그리고 세책점 운영에 관한 흥미로운 사실을 많이 기록해놓았다. 그의 기록에 의하면, 세책점들은 독립적으로 존재하지 않고 전당포나 잡화점 같은 가게와 함께 운영되었다. 세책점 주인 중에는 여성도 있었고 더러는 술집 주인이나 여관 주인도 있었다. 세책점만으로는 안정적인 수입을 기대하기 어려웠기에 겸업을 한 것으로 보인다. 다른 직종에 종사하던 주인이 세책점을 부업으로 운영하기도 했다. 쿤스는 친절하게도 세책의 종류와 거래 실태까지 자세히 소개해놓았다.

그 책들은 대부분 한글소설들이었다. 그리고 통속적인 내용이 주를 이루었다. 일부 서양소설을 번역한 것들도 있었다. 책들은 많이 낡았다. 현 주인이 대부분 헌책방에서 구입한 것이다. 평균 장서량은 164권이고, 적게는 30권부터 많게는 500권을 갖고 있었다. 이는 권당 5전 정도 투자한 것만큼의 가치가 있다.[17]

당시 독자들의 변화하는 취향에 발맞추고자 한 세책점의 경영전략을 엿볼 수 있다. 이처럼 외국인의 눈에 포착된 세책점 관련 기록은 국내 세책점의 실상을 가감없이 보여준 시대 거울이었다.

4

| 일본 |

서적행상과 세책업자가 꽃피운 세책 문화

일본에서는 세책점 또는 세책업자를 '카시혼야貸本屋'라 불렀다. 이는 책 대여상貸與商을 의미한다.[1] 카시혼야는 특이하게도 책을 등에 짊어지고 돌아다니며 인기 서적을 대여해줬다. 책을 빌려주는 영업이 아니라 매매를 주로 한 이들은 서적행상, 즉 '교우쇼우혼야行商本屋'라 불렀다. 세책업자와 서적행상 둘 다 등에 책을 지고 돌아다니면서 영업을 했다.[2] 등짐 세책업자는 17세기 말부터 19세기 말까지 활동한 것이 확인된다.[3]

일본에서는 서점本屋도 일찍부터 존재했다. 그렇기에 돈 있는 귀족이나 지방의 촌장, 부농은 서점에서 직접 책을 사서 볼 수 있었다. 그러나 책방에 직접 가서 책이나 문방구를 구입하기보다 서적행상이나 이동식 세책점(세책업자)의 순회 방문을 기다렸다가 사는 것이 일반적이었다.[4] 17세기 에도시대 초기에는 서적 매매와 대여까지 겸한 서적행상行商本屋이 여러 지역을 돌아다니며 활동했다. 시민계급이 새로운 소설 독자로 급부상하자 이들을 대상으로 한 세책 영업이 발달하기 시작했다.[5] 이러한 카시혼야는 출판업이 융성하고 문자 해독률이 높아진 겐로쿠元祿, 1688~1703 연간 무렵에 출현한 것으로 보인다.[6] 시민들이 소설 독자가 되어 싼값에 오락용 책과 소설류를 빌려보는 것을 선호하자, 기존에 서적행상들이 등에 책을 짊어지고 독자를 찾아다니던 수법을 세책업자들이 이어받아 세책 영업을 해나갔다.[7] 18세기 초 오락적 독서물의 출판이 늘어나고 교육의 기회와 환경이 갖춰졌다. 이에 늘어난 독자를 대상으로 세책 영업이 활기를 띠었다. 세책 독서물은 당시 일본인들의 취향과 잘 들어맞아 특히 인기가 많았다.

에도시대에 전기소설이자 통속소설인 요미혼讀本의 작가로 유명했던 교쿠테이 바킨曲亭(瀧澤) 馬琴에 의하면, 기존의 흥미로운 이야기를 속편에 반복적으로 삽입하는 경향이 늘어났다고 했다. 그 결과 1, 2편은 새로운 맛이 있었는데, 속편이 연이어 나오면서 기존의 우스운 이야기를 중간에 다시 끼워넣는 등 비슷한 내용이 많아졌다. 그러나 독자들은 이를 알아채지 못한 채 그저 웃음이 터지는 작품이라며 좋아했다. 출판소는 물론 세책방에서도 이익을 올리는 상품으로 이만한 것이 없다고 평했다.[8]

구사조시草雙紙 같은 그림책은 직접 구매해 봤지만, 귀신담 내지 기이한 사건을 다루는 요미혼이나 우스운 이야기를 다루는 골계본滑稽本, 남녀 애정 관계를 다루는 인정본人情本처럼 주로 문자로 된, 분량이 긴 오락적인 독서물은 세책점에서 빌려 읽는 것이 일반적이었다. 출판사에서 좋은 품질의 책을 만들면 세책점에서 이를 구입해 사람들에게 대여해주었기에 출판사들은 세책점을 매우 중요한 고객으로 여졌다. 그리고 속편이 출간된 책인 경우, 비록 배경과 인물은 조금씩 다르더라도 웃음을 선사하는 포인트와 사건 전개 과정은 거의 흡사하게 전개되기에 다른 세책점에서 다른 요미혼을 빌려 읽더라도 재미나 만족도가 크게 다르지 않았다.

18세기 초만 해도 일본에서 책을 구할 수 있는 사람은 일부 계급, 곧 무가武家나 승려, 부유한 상인과 농민 등 일부 지식인층으로 한정되었다. 책을 읽고 싶어하는 일반 시민에게 책값은 아직 많이 비싼 편이었다. 그렇기에 출판 및 책방을 운영하는 업자들은 시민까지 고객으로 만들고자 '대본貸本', 곧 도서대여를 모색해냈다. 그리고 이를 기존 서적행상의 영업 방식과 결합시켜 출판 유통의 원동력으로 삼았다. 그 결과 18세기 초, 지방 출신의 무사들이나 상인들이 모여든 도쿄, 산으로 놀러 다니는 손님으로 북적대던 교토, 상인들의 메카이자 '세계의 부엌'으로 통하던 오사카 등의 도시와 휴양지 성격의 온천장에서도 세책을 전문으로 하는 업자가 생겨났다.

19세기 초에는 세책점 조합이 결성되어 지방의 주요 도시마다 도서대여 제도가 활성화되었다. 세책점 주인은 전국 방방곡곡을 돌아다니며 세책 행상을 했고, 여유가 있으면 전문 세책업자를 몇 명 두기도 했다. 서적행상들은 대도시로 올라가 그곳에서 집중적으로 팔리던 서적들을 구해 지방으로 운반해갔다. 한 예로, 나가노현 신슈信州 마쓰모토松本시에 위치한 다카미야高美屋 서점은 1798년에 세워진 이후 200년 넘은 오늘날까지도 영업을 이어가고 있다.[9] 서점을 시작한 다카미야 진자에몬高美屋甚左衛門이 만년에 기록한 『도시노오타마키』라는 책에서 당시 서적 유통 경로와 방법, 서점에서의 세책 영업법 등을 구체적으로 확인할 수 있다. 진자에몬이 마쓰모토에서 연 서점은 직물과 잡화를 취급하면서 책을 끼워 팔던 데서 시작되었다. 서적 유통망이 독자적으로 갖춰지지 않았기에 약과 방물 등을 공급받을 때 책도 같이 취급했다. 그러다가 교토와 오사카, 도쿄 등지를 여행할 때 간헐적으로 책을 직접 구입해왔다.

다카미야 진자에몬은 독서 불모지였던 마쓰모토 지역에서 서점과 세책점이 넘쳐나고 서적 거래 영업이 번성했던 것은 근본적으로 책을 접할 기회가 늘어나서라고 보았다. 마을 사람들에게 통속적 이야기책이 보급되고, 독서를 즐기려는 교양인이 많아져 커다란 변화가 나타났다고 본 것이다. 요미혼, 골계본 등 통속소설이 다수 유통되자, 일대 주민 사이에서 이를 즐기려는 독서 풍조가 형성되었다. 이에 따라 서점 겸 세책점 주인, 서적행상 들은 서적을 원활히 구할 수 있는 도쿄나 나고야에서 책을 다수 구입해와서 공급했다. 통속적 읽을거리가 풍부해지고 이를 원하는 독자의 수요가 커지자, 상업적 유통망이 구축되면서 세책업이 번성하게 된 것이다.

문화文化, 1804~1817 연간에 소설 독자가 많아지자, 그들을 상대하던 세책점도 덩달아 늘어났다. 세책점에서는 주로 오락적 흥미를 끌 수 있는 책을 취급했다. 세책점의 주고객은 사무라이 집안의 부인이나 상인의 아내[10]나 자녀, 그리고 서민이었기에 지루하거나 딱딱한 책을 멀리했고 그래서 서적의 회전율도 높았다.[11]

우키요에浮世絵는 17세기~19세기 말 에도시대에만 나타난 그림으로 당대 사람들의 일상생활이나 풍경, 풍물 등을 담은 풍속화다. '우키요浮世'라는 말 자체가 '덧없는 세상의 그림', 즉 현세의 이모저모를

그려낸 그림이라는 뜻이다. 이는 원래 똑같은 발음의 다른 말인 '우키요憂き世', 즉 근심 어린 세상이라는 뜻을 지닌 말로, 불교의 극락정토와 대비되어 생로병사가 상존하는 걱정스러운 세상이라는 개념에서 출발했다. 하지만 이 우키요에가 소설책 삽화로 많이 사용되면서 서민의 기호에 부응한 값싼 문화상품으로 인기를 누리게 되었다.

도쿄와 나고야 등 일부 지방 도시에서는 세책업자가 행상하며 책을 빌려주는 것이 아니라 한곳에 자리를 잡고 책대여점을 운영하는 형태로 영업이 발달하기 시작했다.[12] 개인 또는 몇 사람이 책을 짊어지고 다니면서 서적을 팔던 방식이, 자리에 앉아 독자를 기다리는 방식으로 바뀐 것이다. 소설에 대한 관심이 증폭되고 서민 독자층이 확대되자, 세책업자가 직접 소설 및 희작戲作 독자를 찾아다니며 책을 대여해주다가 독자들이 책대여점이나 서점을 찾아 나서는 방향으로 바뀐 것이다. 이러한 고정식 세책점이 도쿄 이외의 지방 도시에도 분포했다.

세책업자는 장편 연속간행물을 가지고 다니면서 단골손님의 집을 자유롭게 드나들었다. 새로 나온 책에 관한 평을 교환하며 독자의 요구 사항과 의견을 취합했다. 이들이 독자에게 직접 들은 정보로 출판사나 작가들은 향후 창작 및 출판할 작품을 결정할 정도로 이는 중요한 근거로 작용했다. 독자들에게 평판이 그다지 좋지 못한 책은 개작이 이루어졌다.

흥미롭게도 일본에는 여성 세책업자女貸本屋가 존재했다. 한 예로, 원문元文 6년(1741)에 간행된 『야쿠샤카이츄우고요미役者懷中曆』란 책을 보면, 여성 세책업자가 등장하는 삽화가 보인다. 거기에 '서적 판매本賣り'라고 표시되어 있어 그림 속 인물이 세책업자임을 알 수 있다.[13]

에도시대에 세책점을 통해 유통된 우키요에 소설 『교사 부인의 모습教草女房形氣』 제7편.
이민희 소장.

그런데 삽화에는 여성 세책업자가 매춘을 겸했다는 설명이 나온다. 세책 영업이 행상의 형태로 이루어졌기에 수많은 사람과 상대해야 했던 여성 세책업자로서는 서적 판매나 대여뿐 아니라 또다른 요구를 받기 쉬웠다.

1880년대 들어 등짐을 메고 고객을 찾아다니던 전통적인 세책 영업은 급속도로 몰락했다. 당시 사정을 야마모토 쇼게츠山本笑月는 이렇게 증언한 바 있다.

여성 세책업자가 책을 가지고 온천이 있는 산으로 가서 사무라이와 승려에게 책대여를 하는 장면.
동경예술대학 부속도서관 소장본. ©이민희

일본옷에 앞치마를 걸치고 자기 키보다 높은 책 보따리를 짊어진 고풍스러운 세책업자가 우리집에 찾아온 것은 1882, 1883년 무렵까지로, (…) 패사도 차츰 메이지시대를 배경으로 한 것이 간행되었고, 유치한 석판화 골판지 표지본도 새로워 보였다. 염가이던 우사기야의 책을 비롯하여 오오카와야, 츠지오카야, 분에이카쿠, 교류샤, 가쿠세이샤 등의 출판사가 발행하는 신간 소설이 점차 유행하자, 서양 종이로 만든 책은 무거운데다, 구사조시나 요미혼에 대한 인기도 줄어들어, 등짐을 진 세책업자들은 하나둘씩 은퇴했고, 이를 대신하여 고정된 가게를 가진 책대여점이 증가했다.[14]

일본에서 여러 곳을 돌아다니며 책을 빌려주던 세책업자의 퇴조는 이러했다. 19세기 후반 일본 세책업이 이동식 개인영업에서 고정된 가게 형태로 변모해갔음도 알려준다. 이미 1882~1883년경에는 등에 책 보따리를 한껏 짊어지고 돌아다니던 세책업자가 도쿄에서 자취를 감추었다.

고정식 대여점 카시혼야도 19세기 후반 이후로 점차 쇠퇴했다. 메이지유신 이후인 1874년에 창간된 요미우리 신문이 등장하면서 세책 독서를 대신해 새로운 독서 문화의 유행이 생겨났기 때문이다. 1830년경에는 세책점이 도쿄에 800개, 오사카에 300여 개나 있었지만, 1877년에는 시내·외를 합쳐 67개밖에 안 될 만큼 현격히 줄어들었다.[15] 20세기 초 들어서는 일본에서도 서점이 세책점 역할을 대신하게 되고, 도서관이 대거 들어서면서 전통적인 도서대여와 독서 문화의 흔적 또한 희미해져갔다.

5

| 중국 |

문명국의 자존심,
간신히 꽃핀 세책 문화

중국에서는 명말 청초에 강남江南 지역을 중심으로 출판업이 흥성하고 북경 유리창琉璃廠 서사로 온갖 서적이 모여들었다.[1] 그렇기에 중국에서도 서점업과 출판업뿐 아니라 세책업까지 발달했을 듯하지만 예상과 달리 중국 세책업에 관해 알려진 바가 많지 않다. 아니, 세책 독서가 상대적으로 발달하지 못했다.

중국 서책은 대개 강남 지역에서 올라왔다. 이어의 『여한자거서與韓子蘧書』를 보면, 청나라 초기에 서선書船이라고 부르던 배에 책을 싣고 각지를 다니며 책을 빌려주던 이들이 있었다.[2] 당시에 배를 이용해 북경과 각지를 연결하는 서적 유통 시스템이 갖춰져 있었던 셈이다. 그렇기에 양자강을 중심으로 한 지역에서 문인과 지식인이 선호하는 경학 위주의 작품과 서민 취향의 통속소설이나 대중문학, 한자입문서 등이 넓은 독자층을 확보하며 활발히 출판, 유통되었다.

중국에서 서선을 이용한 서적 유통 방식은 매우 독특했다. 16세기 이후 유명한 장서가들은 비싼 돈을 주고서라도 책을 사려고 했는데 이러한 경향이 강해지면서 필사보다 구매에 의한 수서收書를 선호하게 되었다. 몰락한 선비나 진사를 중심으로 장서 열기가 고조되자 책에 대한 수요가 급증했다. 이런 요구를 충족시켜줄 서적 유통수단이 바로 강남의 수로水路를 오가던 서선이었다.[3] 당시 중국인들은 이 배를 '이동서점'으로 불렀다. 16세기 중반 귀유광은 "절강인 대부분은 오중吳中, 소주 근처을 왕래하면서 서적 판매를 업으로 하고 있다"[4]라고 적기도 했다. 그만큼 강남에서 서선을 운행하며 서적을 판매하던 이가 적지 않았다. 당시 중국 강남의 귀족이나 지식인이 서책을 입수하는 데 있어서 서선은 없어서는 안 될 중요한 경로였다.

배에서 책을 팔던 상인 일부는 손님에게 대여료를 받고 책을 빌려주었다. 무역을 위해 계속해서 배를 타고 왕래했기에 책을 빌려주는 일이 가능했다. 지속적인 접촉과 거래는 책의 출판과 유통을 결정짓는 데 중요한 요소였다. 애서가, 장서가들이 이런 서선과 서점을 즐겨 찾았다. 배를 이용한 서적 유통이 활발했던 만큼 상류층 장서가의 집 문 앞까지 책을 실은 배가 모여드는 일도 있었다. 서적 간행자이자 장서가로 유명한 급고각汲古閣의 주인 모진은 서책을 구입하려고 집 앞에 이러한 광고문을 붙여놓았다.

> 송참본宋槧本을 가지고 오는 자가 있다면, 쪽수대로 돈을 지불하겠습니다. 쪽수당 이백을 드립니다. 구초본舊鈔本을 가지고 올 경우, 쪽수당 사십을 드립니다. 요즘 나온 선본善本을 가져오면, 다른 집에서는 일천을 주지만, 여기서는 일천이백을 드립니다.[5]

당시 서책 유통을 담당하거나 개인적으로 책을 소장하고 있던 이들에게 이러한 광고는 매력적인 제안일 수밖에 없었다. 결과적으로 당시 호주湖州에 있는 서선들은 매일같이 모진의 대저택 앞에 운집해 서적 매매에 열을 올렸다.

출판업과 유통업이 성장함에 따라 청대 고증학도 적지 않게 발달할 수 있었다. 출판된 서적들이 수로를 이용해 북경의 거대한 서점가인 유리창으로 모여들자, 국제도시인 북경을 방문한 주변 나라 사신들도 이곳에서 필요한 책을 쉽고 신속하게 구할 수 있었다. 이곳에서 거래된 서적량이 증가하면서 조선에도 다수의 책이 전파되었다.[6]

중국에서 서적 상인들이 부를 누리고 개방적인 사회 문화를 주도한 것은 상업을 천시하지 않는 사회적 분위기 때문이었다. 그래서 중국에서는 일찍부터 세속문학으로 여겨지던 소설도 상업 경제와 자본주의의 발달에 힘입어 공공연히 유통될 수 있었다.

수상한 중국 세책 문화

중국에서 문어체 중국어와 차별화된 구어체 중국어, 즉 백화가 문예언어로 본격적인 발전을 보인 것은 송나라 이후부터였다. 송대에 도시가 발달하고 상업 경제가 활기를 띠자 상공업 인구가 대거 늘어났다. 이 과정에서 오락, 교육, 출판 등 여러 분야의 종사자들이 백화문을 즐겨 사용하면서 통속문학을 찾는 이가 늘어났다. 송대에는 과거제도의 실시로 신분 상승을 노리는 시민이 늘어났다. 명대에 이르러

서는 희곡, 소설을 찾는 독자가 대거 늘어났다.

명대 후기에는 도시민이 늘면서 통속문학 독자도 급속도로 늘었다. 개성과 욕망을 추구하는 의식이 보편화되면서 오락성이 강한 통속소설이 다수 개작되었다. 원대에 화본話本, 창본唱本 형태로 전해오던 역사적 이야기를 명대 후기에 『삼국연의三國演義』 같은 작품으로 개작해 내놓았다. 그 결과 『삼국연의』는 황제부터 상인에 이르기까지 모두가 즐겨 찾는 독서물이 되었다. 초기엔 정부가 나서서 관찬본 『삼국연의』를 간행했지만[7] 점차 관청·서원이 아닌 개인이나 서상書商이 출판에 뛰어들었다. 상업적 출판이 가능해지자 출판과 판매를 겸한 서적상들이 새로운 문화 소비자인 문해력과 구매력을 갖춘 시민 계층을 공략하기 위한 방법에 골몰하게 된다. 그리하여 통속문학을 일반인들이 더 쉽게 구할 수 있도록 대량 생산과 유통에 힘을 쏟는다. 그 결과 중국에서도 소설이 날개 돋친 듯 팔려나갔다.[8] 16세기 말~17세기 초에 중국 독자들이 소설을 소위 '제4의 종교'로 여긴 것은 허언이 아니었다.

> 예로부터 유불도 삼교가 있었는데, 명대 이래로 하나의 종교가 더해졌으니 바로 소설이다. '소설 연의' 같은 책들은 일찍이 가르친 적이 없었다. 그러나 사대부, 농부, 공인, 상인 가운데 이를 익히지 않은 사람이 없으며 아이들, 부녀자, 글자를 모르는 자들까지도 모두 들어 직접 본 것 같이 구니 유불도와 비교해보면 그 세가 더 크다 하겠다.[9]

소설을 탐독하는 정도가 마치 종교에 빠져든 것에 견줄 정도로 심하다고 했다. 게다가 사농공상의 직업 및 계급과 상관없이 여자와 아이들까지 소설 독서에 심취했다고 했다. 전 계층이 소설을 읽었다는 말인데, 이중 직접 책을 구매할 능력이 부족한 하층 독자들은 소설책을 사는 대신 대여하거나 베껴 쓰거나 설서說書[10]를 듣는 방식을 선호했다.

중국에서는 일찍부터 서점과 출판이 강남 지역과 북경을 중심으로 발달했다. 그런데 세책점의 존재나 책대여에 관한 기록은 쉽게 찾기 어렵다. 과연 세책 독서가 있었는지조차 확인하기 어렵다. 다만 중국에서는 세책점이 따로 운영됐다기보다 서점에서 책 판매 외에 대여까지 겸했음은 확인할 수 있다. 북경 책방 영융재永隆齋에 소장되어 있던 청 말기 필사본 소설 『오월춘추』에 찍힌 도장 문구에는 다음과 같은 세책 규칙이 적혀 있다.[11]

> 우리 가게는 사대기서, 고사, 야사를 빌려주는데, 하루에 한 번 책 교환(대여)이 가능하고, 15일이 지나도 반납하지 않으면 처음 대여할 때 맡겨놓은 물건으로 책값을 대신합니다. 단골손님이라도 예외는 없습니다. 책을 찢는 사람은 남자는 도둑, 여자는 창부입니다. 우리 가게는 교도구交道口 남면 길 동편에 있습니다.[12]

위 규칙은 전형적인 세책 영업 방식이다. 보증금을 지불한 후 책을 빌려볼 수 있는데, 1일 1회 교환이 가능하고 15일 동안 책을 빌릴 수 있었다. 이처럼 북경 같은 대도시 책방에서 책을 대여했음은 송·

원·명 시대가 아닌, 청나라 기록에서 확인된다. 그리고 세책점에 해당하는 점포나 책대여 관련 기록은 청대에서만 발견된다.

> 신臣이 한두 번 책방에서 출판된 도서 목록에서 대여소설을 보았습니다. 150여 종이 나열되어 있었는데 대부분 불경스러운 말로 되어 있거나, 음탕한 짓을 가르치는 책이 많았습니다. 또다른 한두 곳의 작은 서점도 마찬가지였으니, 나머지 다른 곳들은 어떻겠습니까?[13]

청나라 금천거사琴川居士가 쓴 『황친주의皇親奏議』(권22, 1687)에 적힌 이 글은 유해劉楷가 황제에게 올린 상소문의 일부다. 서점에서 대여 가능한 소설 목록을 제공해 이중에서 골라 읽도록 했다는 내용이다. 그런데 이런 세책본 중에는 불경하거나 음란한 내용이 많다고 했다. 이처럼 17세기 말에 일반 서점에서 책의 판매뿐 아니라 대여까지 겸한 사실이 확인된다.

중국에서 서적대여라 하면 개인적으로 빌리던 '전차轉借', 전문적인 대여점인 세서포稅書鋪에서 빌리는 '조임租賃'이 있었다. 중국에서는 강을 따라 도서를 운반하며 팔거나 빌려주던 서선, '화랑貨郎'이라 불리던 잡화 겸 서적 보부상, 그리고 서점에 해당하는 일반 서방書房을 통해 책을 빌릴 수 있었다.[14] 북경의 영융재, 흥육재興陸齋, 육복재陸福齋 등은 소설을 베껴 쓰고 대여해주는 영업까지 했던 서점들이다. 소주, 항주, 남경, 상해 등 출판업과 서점업이 발달한 중국 강남 지역에서도 서점에서 책을 빌려주었다.

로버트 헤겔은 명·청 시기에 과거 준비생, 도시에 거주하는 일반인 그리고 여성이 중국의 소설 독자였다고 보았다.[15] 그리고 그는 이들은 책을 빌려 보기보다 저렴한 책을 사서 보았을 것이라고 했다. 오오타니 모리시게는 유럽이나 한국과 달리 중국에서 세책이 대중의 소설 독서에 큰 영향을 끼치지 못한 건 표의문자라는 한자의 특성 때문이라고 지적했다.[16] 그래서 지역에 따라 세책 독서와 도서대여 문화가 단편적으로 나타나긴 했지만, 중국 전역에서 세책 독서가 유행처럼 번져나가지는 못했다고 했다.[17] 중국에서도 소설 대여가 이뤄지긴 했지만, 서적 출판문화가 발달해 책을 빌리는 비용과 책을 직접 구매하는 비용이 비슷했고 보증금도 너무 비쌌다. 또한 책을 빌리는 것보다 직접 책을 소장하려는 욕구가 강했다. 이런 여러 요인 때문에 세책 독서가 상대적으로 중국에서 발달하지 못했다고 볼 수 있다.[18]

중국 독자 입장에서는 책을 구매하는 것이 책을 대여하는 것보다 훨씬 더 합리적인 소비였다. 그러나 아무리 출판이 발달하고 책 생산량이 많아졌을지라도 책을 사서 읽는다는 것 자체가 부담스러운 독자가 훨씬 더 많았던 것도 사실이다. 그렇기에 중국에서 전문적인 세책점이 아니라 일반 책방에서 책의 판매와 대여를 겸함으로 어느 정도 서민과 여성 독자의 독서욕에 반응했다고 할 것이다.

6

| 잉글랜드와 스코틀랜드 |

유럽 세책 문화의 진원지

영국은 세계에서 일찍이 세책 문화가 융성한 곳 중 하나다. 18세기 초 세책점이 처음 나타난 후 20세기 전반까지 영국은 200년 넘게 세책 독서 문화를 주도해나갔다. 산업혁명이 한창이던 1760~1840년대에 세책점 영업과 세책 독서 역시 전성기를 구가했다. 그 이전에는 농한기 밤에 남녀노소가 한곳에 모여 책 낭독을 즐기는 문화가 야회(저녁 모임)를 통해 발달했다. 1660~1770년대에 유럽에서는 중산층 시민부터 상층 지식인에 이르기까지 사회 각계각층 사람들이 독서 열기로 후끈 달아올랐다.[1] 야회에서 책을 읽어주는 사람은 책 내용과 상관없이 각종 애드리브를 곁들이거나 청중의 반응에 따라 즉흥적으로 줄거리를 변형하는 데 능숙했다. 그리고 통속적인 이야기로 민중의 마음을 사로잡았다. 구술 문화가 지닌 특성, 즉 즉흥성과 자유분방함이 맘껏 드러나는 방식의 독서가 저변에 자리하고 있었다.

일부 지역에서는 작은 마을 도서관이 일찍부터 생겨났다. 1653년

스코틀랜드에서 최초로 도서대여를 시작한 이너페프레이 도서관.
1680년에 설립된 도서관의 외부(왼쪽)와 내부 전시실(오른쪽). ©이민희

에는 맨체스터에 회원제 도서관으로 운영된 체담Chedam 도서관이 생겼다. 1680년에는 스코틀랜드 최초의 회원제 구독도서관인 이너페프레이Innerpeffray 도서관이 처음 문을 열었다. 1968년에 도서 대출을 중단할 때까지 약 300여 년간 운영되어온 이너페프레이 도서관은 성당 사제와 신도, 그리고 지식인을 대상으로 한 회원제였다. 데이비드 드러먼드David Drummond가 세인트 마리 성당 내 다락방에서 책을 빌려준 게 이너페프레이 도서관의 시작이었다.

현재 이 도서관에는 수백 년간 책을 빌린 이들의 명단과 책명이 적힌 세책 장부가 남아 있다. 책을 빌린 지역 주민의 명단도 1680년부터 고스란히 남아 있다. 도서대여 문화의 이해를 돕는 가장 오래되고 희귀한 자료가 아닐 수 없다. 수십 년 후 스코틀랜드에서 일반인을 상대로 한 앨런 램지의 세책점이 세계 최초로 나타난 것도 결코 우연이 아니었다.

1674년에는 런던 웨스트민스터 서점 유리창에 잉글랜드의 서적

상 프랜시스 커크먼Francis Kirkman이 유료 도서 대출을 한다고 광고한 사실이 기록으로 남아 있다. 하지만 커크먼의 서점이 어떻게 도서를 대여해줬는지 추측할 구체적인 증거 자료는 없다. 이에 반해 1725년에 앨런 램지가 에든버러에서 세책점을 개업한 사실을 알려주는 자료는 다수 전한다. 고정된 장소에서 체계를 갖춘 상업적 세책 영업이 유럽 내에서도 가장 변방에 해당하는 스코틀랜드 에든버러에서 가장 먼저 시작됐다는 사실은 여러 모로 시사하는 바가 크다. 중세에서 근대로의 전환을 모색하던 시기에 혁신은 문화 중심부가 아닌 주변부에서 시작되었다. 중세 문화의 중심부에서는 기존에 이뤄놓은 문화를 유지하기 위해 안주할 때, 문화 변방에 해당하는 스코틀랜드에서는 중세 문화에서 벗어나기 위한 새로운 도전과 변화를 먼저 시도한 것이다.

영국에서는 일찍부터 교구도서관, 회원제 구독도서관(독서조합), 상업적 대출도서관(세책점), 공공도서관 등 다양한 형태의 도서관이 발달했다. 이중 교회(성당)에서 운영하던 교구도서관은 성직자들에게 주로 종교 서적을 빌려주던 곳이었다. 회원제 구독도서관은 일정 자격을 갖춘 지식인이 회원으로 가입해 입회비와 연회비를 내면 전문 서적을 빌려 볼 수 있었다. 반면 유료 대출도서관인 세책점은 개인 이익을 추구하려고 서적상들이 운영했기에 이용 고객에 특별한 제한이 없었다. 교구도서관이나 회원제 구독도서관 이후에 유료 대출도서관이, 그리고 세책점의 쇠퇴를 가져온 공공도서관이 가장 늦게 생겼다. 세책점은 소수 회원에서 일반 대중으로 독자를 확장하는 가교 역할을 했다.

영국에서 상업적 목적을 지닌 세책점은 1725년 처음 출현했다. 그

유럽 최초의 세책점으로 알려진 앨런 램지의 가게.

스코틀랜드 에든버러 하이스트리트에 위치한다. 스코틀랜드 국립미술관 제공.

것도 잉글랜드의 수도 런던이 아닌 스코틀랜드 수도 에든버러에서였다. 스코틀랜드 민족 시인이자 화가인 앨런 램지[2]가 일반 고객에게 책을 빌려주는 영업을 처음 시작한 것이다. 그는 일일 대여료가 아닌 연간 대여료를 받고[3] 신학서와 소설책 등을 빌려주었다. 앨런 램지는 소설과 로맨스 책을 잔뜩 모아놓고 1725년에 1일 대여료로 1페니를 받고 책을 빌려주는 세책 영업을 시작했다. 젊은 시절에는 구두 수선공이었던 앨런 램지는 최초의 세책업자뿐 아니라 훗날 스코틀랜드 독립 정신을 고취한 민족 시인으로 더 추앙받은 인물로 기억된다.

잉글랜드에서는 1728년 브리스틀과 배스에서 처음 세책점이 생겨났다. 브리스틀은 항구 도시이고, 배스는 온천으로 유명한 휴양도시였다. 제임스 리크James Leake가 배스에서 처음 세책점을 열었고, 1731년 루이스 불Lewis Bull이 개업한 세책점은 유흥과 오락을 위한 사교 공간 역할까지 담당했다. 그럴듯한 고급 취향의 세책점 라운지에서 귀족 여성들은 대낮에 게임을 즐기거나 타인의 이목을 끌면서 비싼 책을 꺼내 읽는 척했다. 구매력이 있기에 책을 굳이 빌려 볼 필요가 없는 상류층 고객들이 사교를 목적으로 대여 서적이 즐비한 세책점 선반과 열람실 일대를 알짱거리는가 하면 부를 과시하려고 세책점에 후원까지 마다하지 않았다.

세책점은 빠른 속도로 잉글랜드와 스코틀랜드 여러 도시로 퍼져 나갔다. 1735년에는 새뮤얼 팬코트Samuel Fancourt 목사가 솔즈베리에서 세책점을 열고 종교 서적과 팸플릿 등을 대여한다는 광고를 냈다. 이 광고에 고객뿐 아니라 후원자까지 큰 관심을 보여 팬코트 목사는 1740년경에 런던으로 옮겨와 플리트가에 세책점을 열었다. 플리트가

앨런 램지의 집터.
램지의 집터는 현재 램지 공원으로 조성되었다. 에든버러 소재. ©이민희

는 좁은 골목이지만 신문사, 잡지사, 출판사가 즐비할 뿐 아니라 역사적으로 각종 가게가 들어선 번화가였다. 팬코트가 운영한 세책점은 신학 및 기술서를 주로 취급했다. 그러나 얼마 지나지 않아 재정 문제로 회원제 구독도서관으로 세책점 운영을 전환해 입회비와 연회비를 지불한 이들만 책을 빌릴 수 있게 했다. 회비를 내고 책을 빌려 보는 시스템은 17세기 후반에 나타난 커피 하우스 클럽에서도 시도되었다.

1737년에는 윌리엄 배토W. Bathoe가 런던에 처음으로 세책점을 열었다.[4] 이후 케임브리지와 뉴캐슬(1750), 버밍엄(1751), 글래스고(1753), 리버풀(1753) 같은 다른 대도시뿐 아니라 온천과 해수욕장이 있는 휴양지에 세책점이 속속 생겨났다. 18세기 말에는 런던에만 세책점이 25곳 있었다. 『월간 잡지*Monthly Magazine*』에 의하면, 1801년에 이미 영국 전역에 천 개가 넘는 세책점이 있었다.[5]

도시 곳곳에 세책점이 들어서자 여성은 물론 글자를 아는 하인들과 젊은이들까지 책대여에 관심을 보였다. 특히 소설책은 나라의 검열이나 관리를 피해 몰래 빌려다 볼 수 있던 대표적인 독서물이었다. 1740년에 영국 최초의 근대소설로 평가받는 새뮤얼 리처드슨의 『파멜라』가 그렇게 인기를 끈 예다. 도덕주의자들은 이런 세책 독서 풍습을 비판했지만, 소설책은 더욱 자극적이고 조작적이며 선동적이라 할 만한 흥미 본위의 서사물로 등장해 세책점을 매개로 독자와 만날 수 있었다.[6]

영국 세책업자 중에는 출판업을 겸하는 이가 적지 않았다. 세책점은 인기 있는 소설책을 복본으로 소장해야 이윤을 남길 수 있었다. 따라서 해적판 인쇄본을 많이 구입해놓거나 직접 출판업을 운영하는 사례가 늘어났다. 한 예로, 1770년경에는 한 책에 대해 약 1천 개의 복사본(인쇄본)을 만들었다면 그중 400개가 세책점으로 들어갔다.[7] 이렇듯 세책점에서 많은 양의 책을 구매하자, 출판업자가 아예 세책점을 열고 출판업과 세책업을 겸업하거나 세책업자가 출판업을 겸하기도 했다.

이런 경영 전략으로 성공을 거둔 곳은 대형 세책점으로 발전해 나갔다. 1770년에 런던 리덴홀Leadenhall 거리에 문을 연 미네르바 출판 세책점Minerva Press Circulating Library이 대표적이다. 미네르바 세책점은 영국 세책업의 전성기 모습을 보여주는 대형 세책점으로 손꼽

힌다. 창업주인 윌리엄 레인William Lane은 당시 최고로 인기 있던 고딕소설 및 여성 작가가 쓴 인기 작품을 출판하던 중 소설 독서에 대한 관심과 수요가 대거 늘어나자, 세책업에 과감히 뛰어든다. 그리하여 1770년부터는 미네르바 출판사와 세책점을 함께 운영했다.

18세기에 세책업을 겸한 출판업자들은 여성 작가의 소설만 출판하는 다른 출판업자보다 2배 이상의 수입을 올렸다. 세책 출판업자들은 프랜시스 버니와 앤 래드클리프 등 훗날 높게 평가된 여성 소설가를 발굴해내기도 했다. 1848년 미네르바 세책점이 문을 닫을 때까지 약 2만 권 이상의 책이 대출되었다.[8]

잉글랜드에서 18세기는 세책 문화가 꽃핀 시기였다. 세책점마다 여러 방식으로 혁신을 꾀했는데, 광고 및 홍보에 신경을 쓰고 체인점 개설에 열을 올렸다. 미네르바 세책점의 경우, 세책점 광고를 낼 뿐 아니라 기성품을 팔면서 서적을 대여해주는 방식으로 지방까지 체인점을 확대해나갔다. 그렇게 소도시까지 대형 세책점의 지점이 들어설 수 있었다.

19세기 잉글랜드 최고의 세책점

19세기 세책업자들은 더욱 전문적인 경영 전략을 구사했다. 당시 시세를 고려해 합리적인 가격에서 대여료를 책정했다. 단골의 마음을 사로잡을 책 위주로 장서를 구비하는 것은 기본이고, 세책점에 휴게실 겸 살롱 공간을 만들어놓기도 했다.[9] 이런 문화생활을 즐기려는 여성 고객이 늘어나자, 세책점이 여성들의 사교와 문화 활동 공간으로 자리잡아 독서 기회 역시 크게 늘어났다. 독서 기회가 증가하면서 지식이 확산될 뿐 아니라 문자 해득률이 높아졌고 세책점이 지적 호기심 충족에 따른 사회 여론 형성의 주요 통로가 되었다. 즉 세책점은 돈과 여가 시간이 있는 독자들이 주축이 되어 새로운 독서 문화를 선도해나가는 장소가 되었다.

19세기에는 경영 측면에서 기업처럼 대형화한 세책점이 여럿 등장했다. 1842년부터 1937년까지 어언 100여 년간 존속한 무디 세책점과, 기차역에 대여 도서관을 열어 1860년부터 1961년까지 운영된 스미스와 손 세책점이 대표적이다. 이 두 세책점은 거의 독점적으로 영국의 세책 문화를 이끌어나간 쌍두마차였다. 18세기 미네르바 세책점의 뒤를 이어 이 두 세책점은 100여 년간 영국 세책업을 선도했다.

잉글랜드 세책업자 중 가장 큰 성공을 거둔 찰스 에드워드 무디 Charles Edward Mudie[10]는 잉글랜드 독서계 혁명가로 평가될 정도로 세책 독서의 역할을 바꿔놓았다. 무디는 1818년 첼시 체인 워크에서 스코틀랜드 출신 부모 사이에서 막내로 태어났다. 그의 아버지는 작은 문구점을 운영했는데 거기서 책 한 권당 1페니를 받고 책과 신문을 빌려주는 일을 했다. 무디는 그러한 대여업을 보고 자랐다. 22살 때 사업을 시작했는데, 처음에는 아버지처럼 신문과 문구를 공급하는 일을 했다. 그러다가 2년 후인 1842년 블룸즈버리 사우햄프턴 로우 거리에 '무디스 셀렉트 라이브러리Mudie's Select Library'라는 간판을 내걸고 세책점을 열었다. 1년에 1기니라는 파격적인 대여료를 앞세워 런던 대학생들에게 책을 빌려주었다. 19세기는 가히 소설의 시대라 불릴 만

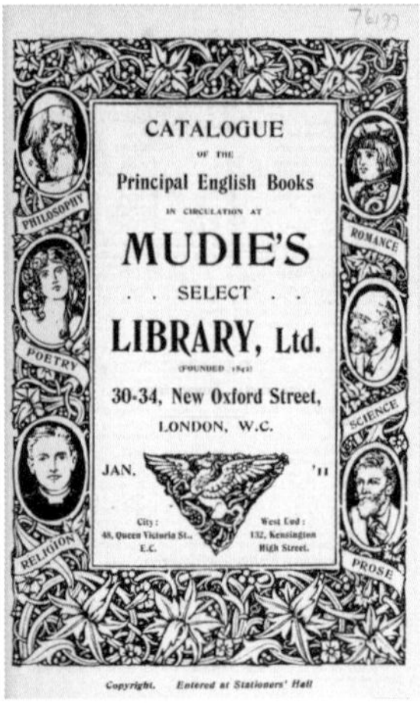

노란색 표지로 만든 무디 세책점 카탈로그.
하단에 무디 세책점을 상징하는 역삼각형 모양의 페가수스 문양이 보인다.

큼 소설 독서가 급성장해 무디는 소설책 대여 사업의 성공 가능성을 본 것이다. 19세기에도 시를 좋아하는 독자들은 여전히 많았지만, 시와 더불어 인기 많던 연극은 사람들의 관심을 끌기에 역부족이었다. 당시 중산층과 상층 독자들은 상상력이 극대화된 문학작품에 대한 갈증이 컸는데, 무디는 소설이 그 목마름을 해결할 수 있다고 봤다. 당시 다른 세책점에서는 대여료로 연 5, 6기니, 심지어 10기니를 받았음을 감안할 때, 1년에 1기니라는 대여료는 파격적인 금액이 아닐 수 없었다. 그리고 무디 세책점은 저가 대여 정책을 바꾸지 않겠다는 입장을 널리 알리며 고객의 신뢰를 얻었다.

무엇보다 무디 세책점은 빅토리아시대 윤리관에 부합한 책들을 엄선해서 빌려준 곳으로 유명했다. 상호명과 광고부터 차별화를 꾀

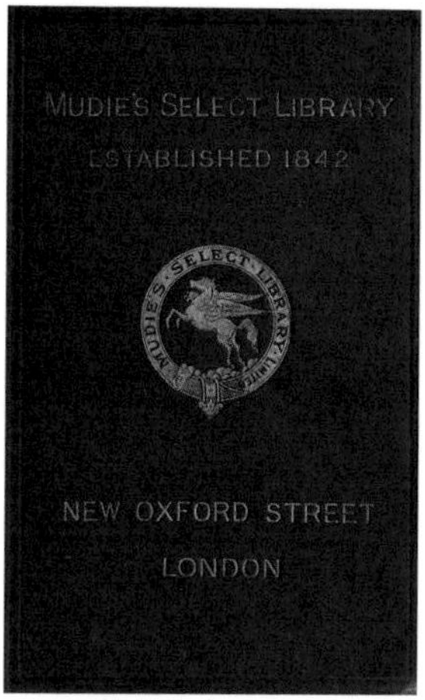

무디 세책점에서 1911년에 제작한 카탈로그 표지.
엄선한 대여 도서 목록이 분야별, 주제별, 인기별로 체계적으로 적혀 있다. 그 분량만 해도 900페이지가 넘는다. 진녹색 하드커버 장정에 고급 금박 글자로 '무디스 셀렉트 라이브러리'라고 새겨놓은 것이 카탈로그 수준을 한 단계 높였다 평가받는다.

하고자 했다. '새로운new' '영국British' '외국Foreign' '공공 구독 도서관 Public Subscription Library' 같은 진부한 표현 대신 엄선한 책이라는 의미로 '셀렉트Select'를 가게명에 내걸었다. 무디 세책점에서 제공하는 책은 모두 믿고 읽을 만하다는 이미지를 전달하기에 효과적이었다. 집에서 온 가족이 모여 앉아 돌아가며 소리 내어 읽어도 될 만큼, 무디 세책점에서 취급하는 책은 믿을 수 있다는 신뢰감이 고객들의 의식 속에 자리하자, 1840년대 무디 세책점은 여느 세책점보다 우위를 점한 채 경쟁에서 이길 수 있었다. 무디 세책점에서 제공한 소설책 표지에는 밝은 노란색 표지에 페가수스 문양이 새겨져 있었는데, 이 자체가 신뢰의 표시나 마찬가지였다.

무디 세책점은 많은 구독자가 이용할 수 있도록 다양한 책을 확보하는 데도 심혈을 기울였다. 소설책뿐 아니라 시집, 역사서, 전기문, 여행서, 모험담, 과학서, 종교서, 영어 교재, 미국 비평문을 갖췄다. 교훈적이며 종교적인 성격이 강한 책보다 유익하고 재미있는 신간 교양 서적을 엄선해 선보였다. 그 결과 더이상 자식들에게 추천할 만한 책을 찾기 위해 세책점 대여도서 목록을 살피지 않아도 될 정도였다. 저렴하게 대여해주려면 인기 많은 소설책을 많이 구비해 책이 원활하게 회전되어야 했다. 무디 세책점과 경쟁하던 다른 세책점들도 더 많은 인기 소설 복사본을 구입해 소유하는 일에 열을 올렸다. 출판업자 입장에서는 세책점 간 과열 경쟁이 그리 나쁘지 않았다. 인기 소설을 다량 확보하려고 세책점이 경쟁하면서 소설책에 대한 관심이 높아져 커다란 출판 수익 창출로 이어졌기 때문이다. 무디 세책점과 경쟁관계인 세책점 간에 힘겨루기가 가열될수록 소설 독서 열기가 더 높아졌고, 소설가와 출판업자, 유통업자도 커다란 경제적 이익을 얻었다.

무디는 지속적으로 사업을 확장했다. 카트 대신에 무디 상표를 부착한 밴이 매일 파견되어 런던 주택을 다니며 책을 배달했다. 잉글랜드에서 가장 외딴 지역까지 페가수스 마크가 부착된 책들을 상자에 담아 운반해 시골 목사나 의사 등 지식인들이 문학을 접할 수 있도록 했다. 1860년대에도 무디의 사업은 계속 확장되었다. 런던 지점과 지방, 그리고 해외에서 몰려드는 주문량을 감당하려면 새로운 큰 건물이 필요했다. 특수 제작한 컨테이너 양철 상자에 무디 세책점 책을 실어 독일, 러시아, 중국, 인도, 이집트, 이라크, 그리고 남아프리카까지 보냈다. 해외에서도 무디 세책점의 책을 구독하려는 수요가 대단했다.

무디는 직접 회사 경영에 앞장섰다. 작업 관리 및 감독뿐 아니라 경영 방침과 전략 수립에도 활발히 참여하는 등 애정을 쏟았다. 그러나 둘째 아들이 불의의 사고로 1879년에 사망해 크나큰 슬픔에 잠긴 무디는 사업에 흥미를 잃어갔다. 1884년경에는 자손들에게 사업에서 모두 손떼도록 했다. 그 결과, 몇 년이 지나자 무디 세책점 선반에는 똑같은 소설책만 채워졌고 세책점 내 지하 창고에는 재고만 잔뜩 쌓였다. 무척 싼 복각본이 출현하자 사업 경영이 더욱 어려워졌다. 여기에 더해 1894년 무디 세책점은 스미스 세책점과 연합해 선반에 3부작 소설을 더이상 올려놓지 않는다는 협정을 체결했다. 무디 세책점에서 가장 효자 상품이라 할 3부작 소설을 취급하지 않겠다고 계약한 것이다.

과거에 폭주했던 주문도 제1차세계대전 발발 직전에는 현저히 줄어들었다. 3부작 소설책으로 우위를 점하던 무디 세책점은 경영 악화를 타개하기 어려웠다. 오히려 경쟁하던 스미스 세책점과 부츠 세책점이 무디 세책점을 능가하게 되었다. 특히 기차역에 서적 판매대를 설치하고 기차 승객을 대상으로 신문 판매와 서적대여를 시도한 스미스 세책점의 전략이 대박을 터뜨리면서 무디 세책점의 입지는 더욱 좁아졌다. 출발역에서 책을 빌린 후 오가는 열차 내에서 책을 읽고 반납하는 스미스 세책점의 영업 방식이 산업 발달로 전국 철도망이 거미줄처럼 연결되던 영국에서 큰 호응을 얻었던 것과 대조된 흐름이었다.

결국 1937년 무디 세책점은 자금난을 견디지 못하고 법원으로부터 폐쇄 명령을 받았다. 역사적인 문학 이정표처럼 뉴 옥스퍼드 거리에 서 있던 무디의 건물은 그렇게 주인 없이 오랫동안 비어 있었다. 화려했던 과거를 뒤로한 채 우울함과 상실감을 불러일으키던 무디 세책

무디 세책점에서 만든 카탈로그에 들어 있는 휴대용 협탁 광고.

점 건물은 제2차세계대전 때 독일의 폭격을 받아 완전히 무너져버렸다. 95년 동안 영국 중산층 독자들에게 딱 맞는 문학책을 제공해주어 영국 독서 문화의 일부가 된 무디 세책점은 이렇게 역사에서 완전히 자취를 감추었다.

하지만 무디 세책점이 영국 소설 독서 발달에 미친 영향까지 사라진 건 아니었다. 영국 문학사에서 소설이 19세기의 한 문학 장르로 당당히 자리매김하는 데 무디 세책점의 역할이 컸다. 1845년부터 1870년 사이에 무디 세책점을 통해 공급된 소설이 엄청난 수익을 벌어들이자, 문학 비평가들은 소설이 19세기에 서사시와 드라마를 대체할 수 있다고 보았는데 그 정도로 무디 세책점은 상상 이상의 영향력을 가졌다. 19세기 들어 소설이 하나의 독서 문화로 자리하자, 무디도 소설가야말로 삶에 대한 진지한 비평가라 평가하고 자신의 일에도 큰 자부심을 느꼈다.

100여 년간 무디 세책점이 거래한 책수만 해도 약 750만 권에 이른다.[11] 무디 세책점에서는 3부작 장편소설을 주로 취급했는데, 이것이 영국 소설사 지형을 바꿔놓을 정도였다. 3부작 소설은 대여 횟수를 늘려 수익을 더 얻기 위해 소설책을 3권으로 분책한 것인데, 이러한 세 권짜리 장편소설이 소설 출판 시장을 주도하다시피 했다. 세책 영업이 소설의 분량과 성격을 결정짓고 소설 독서 문화를 바꿔나간 사례로 으뜸이라 할 것이다.

무디 세책점에서 잘 활용한 3부작 장편소설의 최대 수혜 작가는 스코틀랜드의 역사소설가 월터 스콧Walter Scott이었다. 스콧은 1814년에 『웨이벌리*Waverley*』를 필두로 3부작 소설을 유행시키는 데 큰 공을 세웠다. 『웨이벌리』 이후 그는 15년 동안 소설 14편을 출판했는데, 이들 작품을 모두 3권짜리 장편소설로 출판했다.

소설을 3책으로 만들었다는 것은 세책점에서 한 책씩 고객 3명에게 분산 대출해주었다는 의미뿐 아니라, 한 번에 3책 모두를 빌려 보고 싶은 고객들에게 더 많은 비용을 요구하는 명분도 만들어주었다는 의미까지 지녔다. 이러한 세책점 영업 전략은 결과적으로 소설 읽기의 유행을 이끌고 소설의 대중화를 이루었다.

영국 세책점의 다양한 영업 전략

다수의 세책업자는 여성 고객의 사랑을 받는 책들을 준비해놓으며 탁월한 경영 능력을 보여주었다. 세책업자들은 소설 내용과 도덕성에 대한 세간의 관심까지 고려하면서 독자 맞춤형 책들을 확보할 필요가 있었다. 아동용 책들은 더 엄격한 규정이 적용되었다. 1860년에 발행한 세책점 카탈로그를 보면, 반항적인 인물이 등장하는 작품임을 부각해 독자의 흥미를 이끌고 당대에 누구나 관심을 가질 만한 지역적 관심사를 반영한 작품을 다수 구비해놓았다고 강조한 내용도 보인다.[12]

또다른 대형 세책점인 스미스 세책점은 기차역에 서점 겸 도서대여점을 두고 기차 승객을 상대로 책 대여와 판매로 경영 전략을 차별화했다. 윌리엄 헨리 스미스가 운영한 세책점W. H. Smith's Circulating Library은 무디 세책점이 유일하게 경쟁자로 여긴 세책점이다. 특히 신문 대여, 서적 판매, 제본 면에서 스미스 세책점은 무디 세책점보다 시대를 앞서갔다. 스미스는 1820년 런던 중심부 메이페어 지구 내 대형 정원광장인 그로브너 공원에 면한 듀크 거리에서 독서실reading room을 내면서 대여 활동을 시작했다. 스미스 독서실에서는 연회비 1.5기니를 내면, 잡지와 각종 서평 그리고 150가지 신문을 빌려 읽을 수 있었다. 19세기 초 스미스 세책점은 영국의 신문 독서를 이끌었다 평가될 만큼 다양한 신문을 마음껏 빌려 읽을 수 있는 환경을 만들었다.

스미스 세책점이 사업을 확장하고 그 이름을 제대로 알린 것은 1848년 철도역마다 서적대여 겸 판매대를 설치해 운영하면서부터였다. 산업혁명이 일어나 영국 곳곳에서 제조업이 발달하자 철도를 이

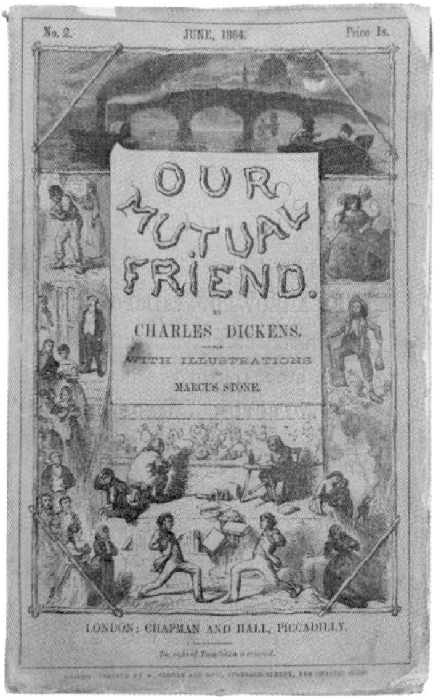

영국 세책점에서 인기리에 대여된 찰스 디킨스의 마지막 소설 『우리의 상호 친구』 제 2권 표지.
사회 풍자가 가장 탁월한 작품으로 평가받는다. 전 4권 20책으로 각 권이 얇고 휴대하기 용이하다. 하버드대 호턴도서관 소장본. ©정승혜

용해 물류 수송과 인구 이동이 빈번해졌다. 스미스는 철도야말로 도서대여 독서와 영업을 위한 최고의 교통수단이라 확신해 런던역-노스웨스턴역 구간을 오가는 기차가 서는 플랫폼에 간이 서적대여 가판대를 설치하고 책을 빌려주기 시작했다. 그후 철도 역사 내 상설 부스를 설치해 기차 승객들이 여행할 때 책을 빌려 읽거나 구매할 수 있도록 했다. 1862년까지 거의 모든 철도에서 서적 판매와 유통을 독점한 스미스 회사는 대여 도서의 질을 높여 1862년까지 지점 185개가 생길 만큼 급성장했다. 산업혁명 이후 철도 교통망을 이용해 상품이 유통

되면서 경제가 발전됐기에 철도를 이용한 도서의 대여 및 판매 전략 역시 큰 효과를 거두었다.

18~19세기 세책점에서는 역사서, 여행서, 시집, 희곡집도 다수 취급했지만, 유독 소설책 공급에 적극적이었다. 독자들이 소설 독서에 빠져들었을 때, 세책점은 공급처 역할을 톡톡히 해주면서 그 욕구를 충족시켜줬다. 18세기에 세책점이 여성들을 위한 소설 공급처로 성장했다면, 18세기 말~19세기 초에는 고딕소설을 대중화하는 데 주도적인 역할을 담당했다.

고딕소설은 18세기 말부터 19세기에 영국에서 발달한 장르다. 중세 분위기를 짙게 풍기며 신비와 공포로 가득한 낭만주의소설을 지칭한다. 호레이스 월폴의 『오트란토성』(1764)을 비롯해 앤 래드클리프의 『우돌포의 수수께끼』(1794), 메리 셸리의 『프랑켄슈타인』(1818), 브론테 자매의 『제인 에어』(1847)와 『폭풍의 언덕』(1847), 에드거 앨런 포의 「검은 고양이」(1843), 너새니얼 호손의 『주홍 글자』(1850), 찰스 디킨스의 『위대한 유산』(1861) 등으로 이어졌다. 고딕 장르의 최종판본은 세책 출판업자에 의해 독점적으로 출판되었다 해도 과언이 아니었다.

이렇듯 2세기 넘게 전성기를 구가한 영국의 세책 독서도 영원할 수는 없었다. 20세기 들어 점차 독서 환경이 변하고, 무료 독서가 보편화되면서 세책 독서는 경쟁에서 밀려날 수밖에 없었다.

7

| 아일랜드 |

종교, 지역에 따른 다양한 세책 독서

역사·지리·문화적으로 아일랜드는 잉글랜드와 멀고도 가까운 나라다. 아일랜드의 세책 독서와 서적 유통 역시 잉글랜드와 밀접한 관계를 맺고 그 영향을 받으며 성장했다.

아일랜드에서 중세 후기부터 귀족들은 로맨스를 즐겨 읽었다. 그런데 16~17세기에 조금씩 자국어인 아일랜드어로 번역되면서 로맨스는 귀족의 전유물이 아닌 서민의 전설과 민중문학으로 자리잡게 되었다. 18세기에는 로맨스를 서민의 통속문학으로 치부하고 이를 비판적으로 본 지식인이 많았다. 로맨스 서사물을 업신여기거나 조롱하는가 하면 불온하다고 여겼다. 사상적으로 통제할 필요성까지 느꼈다. 하지만 일부 지식인들은 로맨스야말로 대표적인 민간 전승물이라며 그 가치를 옹호했다. 18세기에 이런 통속적 대중문학을 서민들이 좀더 쉽게 접할 수 있던 통로 중 하나가 바로 세책점이었다.

18세기 아일랜드의 서적 출판과 유통

18세기에 더블린에서는 로맨스를 포함한 싸구려 이야기책(통속소설, 대중문학)의 출판과 판매가 활발히 이뤄졌다. 잉글랜드로부터 책을 공급받아 유통하던 18세기 초와 비교하면 놀라운 변화가 아닐 수 없다. 잉글랜드에서 휴대용 싸구려 책인 챕북을 팔던 서적행상을 챕맨chapman이라 불렀는데 18세기 초 아일랜드에서 활동한 챕맨 중 일부가 런던에 기반을 두고 체스터를 거쳐 더블린을 오가며 책을 공급했다.

1709년에 잉글랜드 저작권법이 만들어져 출판에 관한 법적 통제가 이루어지기 전에 런던에서 출판된 책의 해적판이 대거 쏟아져나왔는데, 이를 아일랜드로 가져와 챕북 시장을 키운 게 다름아닌 서적행상과 세책업자였다. 더블린에 살면서 영어를 구사하던 개신교 (특히 성공회) 신자들이 주 고객(독자)이었다. 아일랜드는 개신교와 천주교가 지역에 따라 나뉘어 조금씩 다른 문화생활을 영위하고 있었다.

개신교가 득세한 아일랜드에서 가톨릭 인쇄업자와 서점 주인은 서적출판과 유통에 많은 제약을 받았다. 경건한 출판물도 법으로 제작을 금할 만큼 정부의 단속과 통제가 심했다. 이런 상황에서 가톨릭과 퀘이커교 출판업자들이 택한 출구가 챕북 시장이었다. 가톨릭교 사람들은 도시 거주민보다 장터에 모인 시골 사람들을 상대로 교훈적 내용을 담은 챕북을 팔며 전도 활동을 벌였다. 퀘이커교 사람들과 함께 교과서와 챕북 출판을 겸하면서 지방의 서적 출판을 장악해나갔다.

더블린 챕북 시장은 가톨릭 서적상인 제임스 멀론James Malone이 1680년대부터 마련한 시스템에 따라 운영되었다. 앞서 언급했듯이,

아일랜드 더블린 트리니티칼리지도서관 내 고서 20만 권을 소장한 롱 룸Long Room.
©이민희

17세기에 아일랜드의 인쇄업자와 서적상은 런던 독자들을 위해 만든 책이나 고전적 장르의 책을 주로 해적판으로 내놓았다. 그런데 이 인쇄업자들은 대개 영어만 사용할 줄 알아서 아일랜드어로 된 챕북을 내놓을 수 없었다. 챕북을 찾는 독자들은 18세기에 주로 아일랜드 동쪽 지역에 살던 영어 사용자들이었다. 따라서 18세기 더블린에서 지방 시장으로 공급하던 서적들은 문화적으로는 잉글랜드 영어 문화 색채가 강했고, 종교적으로는 가톨릭 문화 색채가 짙었다.[1] 이에 반해 북아일랜드의 수도 벨파스트에서는 프로테스탄트 신자들이 대부분이라 개신교의 종교적 신념이 강한 문화 공동체가 형성됐다.

영어 사용자와 가톨릭 신자가 많은 더블린에는 1800년 이전에 세책점이 최소 21개 있었다. 이에 비해 벨파스트에는 단 두 곳밖에 없었다. 벨파스트에서 가장 먼저 생긴 세책점은 1772년에 휴 워린Hugh Warrin이 운영한 벨파스트 세책점Belfast circulating library이다. 마켓하우스 근처 하이 거리 17번지에서 영업을 시작했다.[2] 그는 30여 년간 세책점을 운영했는데, 당시 10년 넘게 세책점을 운영한 것은 매우 이례적인 일이었다. 자손에게까지 이어진 세책점은 주인이 여럿 바뀌었지만, 1838년까지 존재했다. 벨파스트 세책점은 연회비로 13실링을, 6개월 사용료로 7실링 2분의 1 펜스를, 분기별 이용료로 4실링 4.5펜스를, 월별 이용시 7.5펜스를 받았다.[3]

아일랜드에서도 세책점은 신문광고나 전단지를 통해 홍보가 이루어졌다. 킬케니란 지역에는 캐서린 핀Catharine Finn이 운영한 세책점이 1788년에 설립되었다. 그녀는 핀 렌스터 신문Finn's Leinster Journal을 발행하던 신문사주이기도 했기에 자신이 발행하는 신문에 세책점 광고를 적극적으로 낼 수 있었다.

> 캐서린 핀은 신사 숙녀 여러분의 반복적인 권유와 대중의 편의를 위해 제가 가진 모든 능력을 총동원해 헌신하고 싶다는 소망에 따라 21일 월요일에 세책점(대여도서관)을 열 것임을 정중하게 대중에 알립니다. 문을 여는 날, 구독 조건이 포함된 카탈로그가 배송되도록 준비해놓겠습니다.[4]

핀은 개업 당시 자식을 7명 둔 과부였지만, 훗날 18세기 아일랜드에서 성공한 유일의 여성 신문사주로서 명성을 날렸다. 훗날 그 명성이 전설로 각색돼 아일랜드 인물 전설의 주인공으로 자주 등장할 정도였다.

한편 코크주에 살던 존 코너John Connor는 당시 런던에서 처음 출판한 소설책을 재인쇄한 해적판을 주로 취급했다. 그의 카탈로그를 보면 1794년에 장서만 약 4천여 권이었다. 당시 코크주의 모든 세책점과 도서관은 상업 번화가라 할 캐슬 거리에 모두 모여 있었다. 남녀노소 가릴 것 없이 가장 많은 이들이 오가는 거리에 자리를 잡고 세책 영업을 했다.

캐서린 핀과 마찬가지로, 코크주에도 세책점을 운영한 여성이 있었다. 이에 관한 신문광고가 남아 있다.

> 여전히 허용되지 않는 작품이 있지만, 지금까지 가장 인정받아온 작가의 작품, 그리고 젊은 독자들이 읽어도 안전하다 여겨지는 작품, 즉 책 선택 면에서 그동안 간과되었던, 재미와 교훈이 적절히 결합된 작품을 중심으로 도서대여를 합니다.
> 여성이 운영하는 세책점이라 여성 고객에게 적합한 대여 영업을 특별히 연구할 것입니다. 여성 고객이 책을 편하게 빌려 볼 수 있도록 세책점의 도서대여 데스크를 깔끔한 방식으로 새롭게 설비할 것입니다. 하인을 보내 책을 빌려 가던 이전의 일반적인 방법보다 더 좋은 방법이 될 것입니다. 가능한 한 빠르게 신간 출판물을 모두 구입해 소장함으로써 독자가 직접 와서 마음껏 빌려 갈 수 있도록 하겠습니다.[5]

이렇게 신문에 광고를 낸 세책점이 어디였는지, 실제로 개업 후 여성들이 직접 세책점을 찾아왔는지는 알 수 없다. 다만 책을 빌려 읽으려는 고객 중 여성이 상당했기에, 여성 독자를 배려한 서비스 제공에 만전을 기하고자 했음을 알 수 있다. 여성 고객을 위해 도서대여 및 반납 공간과 시설을 달리 꾸미고, 재미와 교훈 두 가지를 모두 충족할 만한 소설책을 가능한 한 많이 비치하고자 한 흔적까지 엿볼 수 있다.

원래 세책점에서는 선반에 책을 꽂아두고 직접 보는 걸 허락하지 않았다. 폐가식으로 운영된 것이다. 고객이 목록을 보고 책을 주문하면 세책점에서 꺼내다 주곤 했다. 그렇기에 많은 여성 고객은 직접 가지 않고 하인을 대신 보냈다. 여성 고객은 더더욱 집밖 외출에 조심해야 했다. 그런데 세책점 규모가 작으면 소장 도서도 적었기에 여성들은 서로 경쟁적으로 책을 빌려갔다. 카탈로그에 적힌 책 목록만 보고 선택해야 하는 상황이라면, 카탈로그의 역할이 더 중요할 수밖에 없었다. 더블린에서 카탈로그가 처음 제작되었을 때만 해도 그 이용료는 무료였다. 하지만 카탈로그를 찾는 고객이 많아지자, 카탈로그 역시 비용을 지불하고 가져갈 수 있는 것으로 바뀌었다.

아일랜드에서 18세기에 제작된 카탈로그 중 현전하는 것은 윌리엄 스팟우드William Spotwood 세책점에서 1782년에 만든, 70쪽에 달하는 카탈로그가 유일하다. 목록을 보면 문학 관련 픽션과 논픽션이 대부분을 차지하고 있음을 알 수 있다. 픽션의 경우 인기 독서물인 로맨스가 압도적으로 많았고 역사서, 자서전, 여행서도 적지 않았다.

18세기 말 런던에서는 윌리엄 레인이 운영한 미네르바 세책점이 큰 인기를 끌고 있었다. 레인은 미네르바 세책점에서 취급하는 소설책만으로 다른 지역에 여러 분점을 두고 고객 누구에게나 로맨스 책을 제공했다. 미네르바 세책점에서 내놓은 소설은 일반적 서사에 입각해 창작되었다. 이를테면, 잘생기고 부유한 귀족 집안 출신인 가난한 남자, 그런 남자와 사랑에 빠진 교양 있는 젊은 여성—그녀에게는 엄한 숙모가 있다—의 이야기처럼 남녀 주인공의 관계 설정과 시련 과정을 비슷하게 그려냈다. 이런 통속적 서사물이 인기를 끌자, 아일랜드의 출판업자, 서적상 그리고 세책업자와 도서관 주인들은 낭만주의소설을 계속 취급하며 수익을 노렸다.

한번은 이런 일이 있었다. 1790년대에 더블린에서 도서관을 운영한 로드 부인은 고객의 아버지로부터 자기 딸에게 전혀 어울리지 않는 미네르바 소설책을 빌려주었다는 거센 항의를 받았다. 그러자 로드 부인은 당시 음란소설의 대명사였던 매튜 루이스의 소설 『수도사 *Monk*』에 담긴 음란한 구절을 찾아 밑줄을 긋고는 독자(고객)들에게 시선을 여기서 멀리하라고 경고하겠노라고 쿨하게 답했다고 한다.[6] 읽지 말아야 할 구절을 알려주겠다면서 오히려 음란한 표현을 더욱 노골적으로 강조한 셈이었다. 그녀의 의도가 성공했는지 알 수 없지만, 18세기 말 더블린 세책점에서 취급하던 소설이 불온한 독서물로 인식된 사정을 엿볼 수 있다.

아일랜드는 국토가 넓지 않지만, 지역에 따라 세책 독서 환경과 인기 서적에 대한 선호도가 조금씩 달랐다. 예컨대, 가톨릭 전통이 강한 골웨이 지역 세책점에서는 책 555권을 소장했는데, 소설로 추정되는 제목의 책들과 라틴어 및 그리스어 문법서와 교리서, 고전 번역서 등을 취급했다.[7] 세책업자 조지 코널리George Conolly는 독자의 취향을 분석해 중간 계층과 전문 지식인 계층 고객을 상대로 그들이 좋아할 만한 책을 중점적으로 준비해놓았다. 조지 코널리는 연회비로 16실링 3펜스, 분기별 회비로 5실링 5펜스, 월별 사용시에는 2실링 2펜스, 주당 6펜스, 하룻밤 이용시에 1.5펜스의 도서대여료를 책정했다.[8] 대여료는 한 번에 책 한 권을 대여할 때 적용되었다. 물론 책을 두 권 이상 빌릴 수도 있었지만, 그 경우 2배의 대여료를 내야 했다. 골웨이에서 1마일 이상 떨어진 곳에 사는 고객의 경우, 기본 구독료로 더 많은 책을 빌릴 수 있었다.

18세기 말~19세기 초에 이르러 세책점은 책만 대여하는 장소에서 토론방, 커피 하우스, 동호인끼리의 모임 공간 등을 갖춘 복합 문화 공간으로 탈바꿈됐다. 더블린에서 문구 사업을 하던 리처드 화이트Richard White는 1790년에 회원들이 신간 서적에 대한 평판을 매일 확인할 수 있는 회원 전용 휴게실lounge room을 만들었다. 이곳을 이용하는 고객들은 빠르게 세상 소식을 접했고 자신이 읽은 책과 신문 기사를 공유하며 여론을 형성해나갔다.

아일랜드에서 1800년 이후로 상업적 대출도서관, 곧 세책점의 수는 계속 늘어났다. 하지만 실상은 빛 좋은 개살구였다. 1800년에 아일랜드가 잉글랜드와 연합법Acts of Union을 체결해 아일랜드의 자치를 포기하고 영국의 연합국이 되었기 때문이다. 잉글랜드 저작권법이 아일랜드에도 적용되자 이에 불안해진 많은 서적상과 출판업자가 미국으로 이민을 떠났다. 그러자 아일랜드 내 해적판 출판은 사실상 중단되고 말았다. 반면 런던에서 출판된 책은 아일랜드로 계속 유입되었다. 책 출판과 유통에 관한 한 사실상 잉글랜드의 간섭을 받아야 했기에 아일랜드 내 출판 서적도 급속히 감소했다.

그런 가운데 아일랜드에서는 18세기 후반~19세기에 설립된 지 얼마 안 된 세책점과 구독도서관이 폐업하는 경우가 많아졌다. 세책점이 많이 들어선데다 세책점마다 차별성을 갖춘 게 아니었기에 영업 손실을 감당하지 못하고 자연 도태되는 곳이 적지 않았다. 아일랜드 전역에서 1825년 이전 시기에 존재한 도서관은 회원제로 운영된 구독도서관이 가장 많았다(69개). 세책점(58개)이 그 뒤를 이었다.

아일랜드는 잉글랜드와 역사적으로 늘 긴장 관계를 유지해왔다. 하지만 학교 교육에 대해서만큼은 그 어느 나라보다도 관심이 많았다. 그래서 잉글랜드보다도 문맹률이 낮았다. 책을 읽고자 하는 독서 인구도 동시대 세계 어느 나라보다 많았다. 그런 환경에서 세책 독서에 대한 수요가 많았고 여러 형태의 도서대여와 독서 생활이 이루어진 것이다.

8

| 독일 |

인쇄·출판의 요람에서 세책 독서의 메카까지

마인츠의 인쇄업자였던 요하네스 구텐베르크가 처음 발명한 것은 인쇄술 자체가 아니라, 흔히 활판 인쇄술이라 부르는 가동 활자를 이용한 인쇄법이었다. 납, 주석, 안티몬 같은 금속을 알맞은 비율로 섞어 다양한 활자를 만들어 조판을 해 1쇄 찍을 때 300~500부의 책을 만들게 되었다. 그가 처음 활판 인쇄술을 이용해 찍어낸 것이 현재 기독교에서 정본으로 인정받는 라틴어 성서인 불가타Vulgata를 기본 판본으로 삼아 텍스투라체[1]로 만든 『42행 성서』였다. 그후 활판 인쇄술은 유럽 전역으로 퍼져나가 도서 문화 역사의 새로운 장을 열었다고 평가받는 매체 혁명을 이루었다.

구텐베르크 이후 독일 출신 인쇄업자들은 이탈리아 베네치아를 비롯해 유럽 곳곳으로 퍼져나갔다. 이들은 각 지역에서 활판 인쇄술을 이용해 책을 만들고 서점을 여는 등 서적 출판과 유통, 판매에 지대한 영향을 미쳤다. 초창기에는 인쇄소가 출판사이자 서점을 겸할 때가 많았다. 그리고 비약적인 책 생산 증가에 따른 판매 촉진을 위해 서적 판매망을 구축하고 유통업자와 긴밀히 공조해야 했다. 이에 따라 여러 인쇄소의 책을 가지고 유럽 주요 도시를 오가며 행상 무역을 하는 서적행상Buchführer이 늘어났다. 1550년경 독일에 정착한 서적행상만 해도 1200명이 넘을 정도였다.[2] 이들은 책을 나무통이나 관, 가죽가방에 넣고 다녔다.

인쇄술의 발명과 함께 독일 지역 사람들의 높은 문자 해득률은 종교개혁의 토대가 되었다. 종교개혁의 여파로 독일어 성서가 불티나게 팔려나갔고, 독일어문학도 크게 발달했다. 종교개혁 내용과 사건, 사고를 담은 속보가 책자로 제작되었을 때도 독일어로 발간되었다. 후에 이 속보 책자는 주간 또는 일간 신문으로 발전했다.

독일의 독서 문화는 소책자나 신문, 잡지를 함께 읽는 독서 모임을 통해 크게 발전했다. 16세기에는 종교개혁이 일어나고 신문 노이에 차이퉁*Neue Zeitung*이 처음 발행되었다. 이 신문은 부정기적으로 간행되었다. 인쇄술이 발달하자 기존에 필사한 신문 내용에서 가십 기사를 추려 싣고 행상인, 학자와 학생, 여행자 등 흥미진진한 이야기 소재를 많이 가진 이들에게서 모은 이야기를 소개했다. 이렇듯 인쇄물이 발달하면서 짧은 분량의 이야깃거리를 모은 독서물이 시중에 많이 퍼져나갔다. 독일에서는 16세기 말에 잡지와 정기 간행물인 월간지, 17세기 초에는 주간지와 일간지까지 등장했다.

이런 인쇄물을 접할 기회가 늘어나자, 17세기 초에는 대학생과 도시민이 공동으로 신문을 구독하는 문화가 나타났다. 독일인들은 신문과 잡지를 공동 구독하는 과정에서 자연스럽게 한자리에 모였고, 읽은 내용에 대해 토론하고 논쟁을 벌이며 많은 정보를 얻었다. 이런 독서 모임이 점차 확대되어 18세기 초에 이르러 소시민과 하층계급도 술집, 카페, 음식점에서 신문을 읽고 전 세계 소식을 공유하게 되었다.

이는 문해율이 높았기에 가능한 일이었다. 문맹자가 도시에 비해 상대적으로 많았던 시골에서는 목사, 교사, 상인 등 문해력이 있는 이들이 신문과 책을 대신 읽어주는 낭독자 역할을 담당했다. 이로써 하층민은 눈으로 읽는 대신 귀로 들으며 독서를 하고 자연스럽게 논쟁에 참여할 수 있었다. 독일에서는 여럿이 참여하는 독서 문화가 시골에서까지 생활의 일부로 자리잡았다.

18세기에는 시민들이 신문이나 잡지에 한정하지 않고 책을 돌려 읽는 쪽으로 시선을 돌렸다. 책값이 비쌌기에 책을 공동으로 구입해 독서 모임에서 돌아가며 읽는 방식을 택했다. 다수의 책을 공동으로 구매해 한곳에 모아놓고 함께 이용했다. 이것이 회원제 구독도서관의 초기 형태였다. 책을 공동 구매하는 데 기여한 고객은 소위 주주 회원이 되고, 회비를 내면 공동 구매한 책을 일정 기간 빌려 읽는 자격이 주어졌다.

시민 주주이자 회원들은 두 가지 목적으로 책을 공동 구매했다. 공동 구매한 여러 책을 돌아가며 빌려 집에서 가족들과 함께 읽고자 했고, 독서를 핑계로 사교 모임을 갖고자 했다. 후자인 경우 시간이 지나면서 회원제 구독도서관 내에 열람실을 별도로 만들어 회원들끼리 독서와 토론을 빙자해 사교와 친교를 하는 서비스 시설을 운영하기에 이르렀다. 예컨대, 1774년에 브레멘에 처음으로 독서 모임이 생겨나 책을 공동으로 구매해 독서 토론을 시작한 이후 20년 만에 36개의 독

서 모임에 회원 2340명이 활동할 정도로 활성화되었다.[3]

그런데 초기 회원제 독서 모임에 학생과 노동자, 여성은 아예 회원이 될 수 없었다. 부유한 남성 시민만 독서 모임에 참여 가능했다. 그런 상황에서 독서 모임에서 소외된 하층민과 노동자, 여성에게 문호를 개방한 것이 세책점rental book shop, 곧 상업적 대출도서관commercial circulating library이었다. 스코틀랜드에서는 18세기 초에 처음 등장한 세책점이 독일에서는 여러 유명 도시를 중심으로 18세기 후반에 출현했다. 영국보다도 앞선 1704년경 베를린에서도 도서대여가 이루어졌다는 기록[4]이 일부 남아 있으나, 세책점 형태로 운영되었는지 알 수 없다. 그것보다는 1750년대에 프랑크푸르트에서 독일 최초의 대출도서관이 생겼다고 본다. 하지만 누가 먼저라 할 것 없이 독일에서는 독서열에 편승해 18세기 후반 도시마다 세책점이 급속도로 늘어났다. 그리고 카탈로그까지 만들어 고객에게 유포했다. 특히 가톨릭에 저항하려는 개신교도들이 세책점을 통해 각종 신교 교리서와 가톨릭 비판 서적을 빌려다 보곤 했다. 독일 세책점은 정치와 종교 관련 불온서적과 금서의 온상지였다. 검열과 금서 정책이 시행되는데도 세책 독서는 지적 호기심을 충족시키고 계몽과 비판 의식을 키우는 근간이 되었다.

1780년~1790년대에는 주요 도시는 물론 소도시에서도 세책점이 세워질 정도로 성업했다.[5] 저렴한 값으로 통속적인 책을 빌려 읽고 싶은 하층 독자가 많았기에 7만 권이나 되는 장서를 자랑하는 큰 규모의 세책점이 도시에 세워지기도 했다. 이에 반해 지방 소도시나 시골에서는 소량의 책을 비치해놓고 책을 빌려주던 세책점이 많았다.

19세기 말에 이르러서는 독일 최초의 공공도서관, 곧 무료로 대중에게 책을 빌려주는, 국가 주도의 도서대여 기관이 나타났다.

세책점이 등장한 18세기 말 독일에서는 출판사와 서점이 분리된 형태로 운영되었다. 1796년에 프리드리히 크리스토프 페르테스Friedrich Christoph Perthes가 처음으로 책만 판매하는 서점을 열었다.[6] 서점을 통한 책의 유통 시스템이 가능한 상태에서 책 판매가 아닌, 책 대여만 하는 세책점이 서점에 뒤이어 나타난 것이 특별한 일은 아니었다. 서점이 부유한 시민, 상층 남성을 대상으로 책을 팔았다면, 세책점은 확대된 독자층의 수요를 충족하고자 값싼 유료 대여 방식을 고안해 새로운 독자층의 독서 욕구를 충족하는 방향으로 발전해나갔다.

18세기 말~19세기 초, 독일 지역에서는 마을마다 독서 모임Lesegesellschaft이 한두 개씩 있었다. 특히 농사일이 끝난 겨울밤에 여러 사람이 한 장소에 모여 신문과 잡지를 함께 읽고 수다를 떨고 토론을 벌이는 독서 모임이 활발히 이뤄졌다. 19세기 초 런던보다 도시 규모가 훨씬 작았던 베를린에만 독서 클럽(독서 모임)이 27곳 있었다. 그리고 드레스덴에는 16개의 독서 클럽이 있었다. 독서 클럽에서 회원들은 공통의 관심사를 지닌 다른 회원들과 소규모로 모여 시사 문제에 대해 토론하고 독서 경험을 공유하곤 했다.

대여 장부를 살펴보면, 독일에서 세책점 소장 자료를 즐겨 이용한 이들은 주로 남성들이었다. 물론 빌린 사람이 곧 독자인 건 아니었다. 하인이 대신 책을 빌려가거나 남편이 아내를 위해 빌리기도 했기 때문이다. 당시 개인 일기들을 보면, 실제로 세책점에서 소설의 주요 독자가 여성이었음이 확인된다. 물론 일기도 주로 여성이 썼다.

독일에서도 세책점은 여성과 하인, 하층계급에게 문학 공급처가 되어주었다. 1750년에서 1800년까지 반세기 동안 독일에서 출판된 소설 5천 편 가운데 4분의 3이 소화될 정도로[7] 세책점은 소설 유통망 역할을 톡톡히 해냈다. 독일에서 소책자 소설이 대거 출간되었는데, 이것이 세책점의 인기 대출 상품이었다. 책값도 권당 겨우 1그로센groschen, 오늘날로 치면 5센트 정도로 저렴해서 글 읽는 하녀도 쉽게 살 수 있었다. 따라서 이를 '그로센 소설'이라 불렀다.[8] 그로센 소설은 대도시 하층민과 노동자가 즐겨 읽던 작품으로, 남녀 주인공의 극적인 만남과 이별, 악인의 극악무도한 만행, 부정적 현실 묘사, 이율배반적 윤리 의식을 동원해 읽는 재미를 부추기던 통속소설이었다.

독일에서도 특정 고객을 대상으로 한 독서 모임이나 유료 대여 독서는 19세기 후반 이후로 쇠락을 길을 걸었다. 다른 나라와 마찬가지로 무료 대여가 가능한 공공도서관이 설립되고 출판·인쇄 기술이 발달하고 책값이 하락하고 수많은 볼거리와 정보를 제공하는 TV가 등장하자, 더이상 돈을 내고 책을 빌려다 읽을 필요가 없어졌다.

9

| 프랑스 |

출판 및 독서 문화의 강자

독일에서 시작된 인쇄술은 이탈리아로 전해져 프랑스에서 만개했다.[1] 프랑스에서는 특히 파리와 리옹이 인쇄·출판의 중심지였다. 1470년대부터 파리 대학가를 중심으로 인쇄·출판이 본격적으로 이루어졌고 리옹에서는 당대 최고의 책들이 제작되어 유럽으로 퍼져나갔다. 리옹이 1600년경 종교 탄압을 받자 출판 중심지는 파리로 이동했다. 프랑스대혁명이 나타나던 시기에 인쇄 및 출판의 메카는 단연 파리였다.

프랑스에서 책을 빌려본 기록은 17세기 중반 이후부터 보인다. 훗날 판사가 된 존 라우더John Lauder가 법학도 시절이던 1665년에 푸아티에 지방의 서점에서 로맨스 책을 빌려 보는 데 피클 18개를 주었다는 기록이 있다.[2] 프랑스에서 세책 문화는 18세기 중반 이후 본격적으로 나타났고 세책점은 20세기까지 존재했다.

프랑스에서 책대여점이 처음 나타난 때는 1761년경이다. 서적상

프랑스 도레 지역에서 르쾨르 부인이 운영하던 독서실.
창 위의 벽에는 "이곳을 이용하는 고객은 원본을 가져가지 말기 바랍니다"라는 경고 문구가 적혀 있다. 작자 미상.

이던 가브리엘 프랑수아 퀼로가 프랑스에서 처음으로 공인된 세책점 루 크리스틴Rue Christine을 열었다. 첫 세책점이 파리에서 문을 연 이후 16개 지방 도시에 급속도로 퍼졌다.[3]

18세기 후반에 남부 몽펠리에에서도 상업적 대출을 목적으로 한 세책점이 문을 열었는데, 주인은 아브람 퐁타넬Abram Fontannel이라는 서적상이었다. 그는 원래 전문 서적 유통업자가 아니라 조각가 겸 장인匠人이었다. 인쇄 기술자라 말할 수 있는데, 망드라는 소도시에 작은 인쇄소를 차리고 서적을 판매했다. 그는 1772년에 서적상 면허를 돈으로 사들이고서 서적상 활동을 전개했다. 다른 유통업자와 인쇄업자, 제본업자와 유기적 관계를 구축해야 했으나, 뒤늦게 서적 판매업에 뛰어들다보니 서적 공급 판로는 물론 고객 확보에 있어 커다란 어려움에 처했다. 그래서 직접 여러 지역을 돌아다니며 판로를 개척했다. 대신 그의 아내가 몽펠리에 가게를 지키면서 상업적 목적으로 독서실을 열고 고객에게 책을 빌려주었다.

몽펠리에의 퐁타넬이 운영한 세책점은 여러 면에서 특별했다. 우선 운영 주체가 서적 거래를 전문으로 하던 서점이나 출판사, 서적상이 아니라 인쇄 기술자였다. 또다른 특징은 겸업을 했다는 사실이다. 서적 판매업을 하면서 서적 대여업을 다른 공간에서 병행한 것이다.

1771년 프랑스 디종의 세책점에서는 장서 목록, 곧 카탈로그를 책으로 출판했다. 1775년 프랑스 메츠에 세워진 세책점에서 발행한 광고물을 보면, 파리에 세책점이 생겨난 후 전국 주요 도시에 세책점이 나타난 사실을 알 수 있다.[4] 프랑스대혁명이 일어나기 직전에 파리를 비롯한 여러 지방 도시에 들어선 세책점에서 사회 비판과 풍자의 금

요한 피터 하젠클레버의 독서실. 1843.
남성들이 독서실에서 신문 여러 종을 빌려서는 서로 돌아가며 읽고 있다. ©Cabinet de lecture

서와 각종 통속문학류 책이 유통되었다.

그런데 19세기 들어 프랑스에서 상업 활동에 관한 면허 제도가 마련되자, 면허를 받은 이만 세책점을 열었고 지방행정관의 조사까지 받아야 했다. 세책점에서 취급하던 서적을 검열 내지 통제하는 시스템이 작동한 것이다. 그렇기에 프랑스대혁명 이후 서적 유통과 독서문화는 그 이전 시기보다 더디게 발전했다. 그럼에도 서적은 암암리에 유통되었다.

프랑스에서는 세책점에 해당하는 대여소 역할을 독서실cabinets

de lecture에서도 담당했다. 1779년 8월에 프랑수아 무로는 학술독서실 Cabinet Academique de Lecture이라는 이름의 세책점을 열었다.[5] 세책 영업은 프랑스의 자유주의 사상을 고양하는 지적 자극제이자 지식 확산 창구 역할을 담당했다.

다른 유럽 나라와 마찬가지로 프랑스도 19세기 전반에 도서대여 문화가 가장 성행했다. 1815년부터 1848년까지 세책점이 크게 늘어났으며, 1820년경 도서대여 영업을 하는 상업적 독서실이 파리에만 32군데나 있었다. 1823년에는 책뿐 아니라 신문까지 대여하는 독서실이 83군데, 읽을거리를 빌려주는 서점이 67곳으로 늘었다.[6]

프랑스에서 세책점이 늘어난 직접적인 원인으로 많은 출판업자와 인쇄업자를 파산시킨 1826년 금융 위기가 있었다. 금융 위기로 수많은 책이 재고로 쌓이자 이런 도서를 활용하는 세책점이 우후죽순으로 생겨났다.[7] 1830년대에는 파리에만 520여 개의 세책점 또는 '책 읽는 가게boutique à lire'가 있었다. 세책점 규모는 천차만별이었는데 잡지 몇 종만 구비해놓은 곳이 있는가 하면 2만 권 이상의 장서를 자랑하는 곳도 있었다.

파리 소르본대학의 가난한 대학생들은 세책점의 단골이었다. 소르본대학이 있던 카르티에라탱 구역 가게들은 대학생들에게 책을 빌려주기도 하고 팔기도 했다. 부르주아계급의 고객도 세책점을 단골처럼 드나들었다. 휴가를 떠나는 이들이 시골 별장에서 읽을 많은 양의 책을 한꺼번에 빌려가기도 했다. 글자를 읽을 줄 아는 하인들도, 여성 노동자들도 저급한 문학책을 빌려 읽곤 했다. 이에 반해 상층계급의 고객들이 살던 지역에 위치한 세책점은 살롱salon 격을 갖춘 안락한

주세페 아르침볼도, 〈사서The Librarian〉, 1566년경.

독서 클럽으로 운영되었다.[8]

18~19세기에는 독서실cabinets de lecture로 불린 독서 공간에서 소정의 비용을 지불하면 시민들이 공공 문서를 빌려 읽을 수 있었다. 독서실은 기록물 유료 대여 및 독서가 가능한 곳으로, 인기 단행본을 주로 취급한 세책점에서와 달리 신문과 잡지, 팸플릿 등 소책자 및 낱장 인쇄물을 이곳에서 열람하거나 빌려 갈 수 있었다. 프랑스 독서실은 오늘날 도서관의 전신과도 같았다. 독서실에서는 자유롭게 소장 자료를 찾아 읽을 수 있을 뿐 아니라 집으로 빌려 갈 수도 있었다. 독서실은 일간지와 정기간행물을 비롯해 팸플릿과 소설책 등이 구비되어 있는 유료 열람실 공간이었다.

정치에 대한 관심이 높아지면서 이를 공부하려는 욕구가 확대되자 독서실도 늘어났다. 프랑스대혁명 이전에는 대중이 책을 읽을 만한 공적 장소가 없었다. 이런 상태에서 구독도서관이 생기자 대중은 빌려 가는 책에 대한 보증금 성격으로 수수료를 지불하고 그곳을 이용하고자 했다. 하지만 다른 나라와 마찬가지로 이 비용은 일반인에게는 너무 비쌌다. 그럼에도 그곳을 이용할 능력을 가진 중산층 독자들은 적은 돈을 내고 난방과 조명이 잘 갖춰진 방에서 하루종일 머물면서 진지한 공부나 정신 고양에 필요한 책을 마음껏 읽었다. 이러한 독서실을 이용할 수 있었던 고객으로는 전문가, 교사, 장인, 영세 상인 등이 있었다. 프랑스대혁명 이후에 독서실의 인기는 더욱 높아졌다. 정치인들도 독서실을 방문해 적은 비용을 내고 개인 부스 내 탁자에 펼쳐져 있는 문학작품과 신문, 팸플릿을 읽거나 신간 서적을 읽었다. 종종 독서실에서는 진지한 토론이 벌어졌다.

하지만 1850년경부터 프랑스에서 저가 도서가 많이 생산되고, 연재물이 대거 등장하면서 세책점의 증가세가 현저히 둔화되었다. 세책점이 그 존재만으로도 서점 거래를 망친다며 불만과 비판의 목소리를 쏟아낸 이들도 있었다. 이들은 세책점이야말로 "가장 의심스러운 품질의 작품을 위한 배출구 역할을 하는 시설로, 종종 악의적인 편집과 해적판이 다수 만들어지고, 게으름뱅이들이 모여드는 곳"이라며 깎아내렸다.[9] 이는 완전히 근거가 없는 발언은 아니었다. 세책점에서 취급하던 책의 판본과 원본이 점점 차이가 많아졌기 때문이다. 해적판은 일반적으로 같은 제목의 책을 일부러 여러 권으로 분책했다. 예컨대 0부터 7까지 숫자를 이용해 분책의 수를 표시하는 방식으로 출판되었다.[10] 이렇게 책수를 늘려 실제보다 읽을거리가 풍성하다는 인상을 주고자 했다.

그런데 세책점이 쇠퇴한 또다른 이유는 소위 싸구려 책이 많이 만들어져 책값이 저렴해지자 더이상 책을 빌리지 않고 직접 구매하게 되었기 때문이다. 생산 단가가 저렴한 대중신문이 간행되면서 각계각층의 사람이 신문 연재물을 쉽게 구입할 수 있었다. 값싼 종이로 만들어진 연재소설이 대중화되면서 더이상 세책점에서 책과 신문을 빌려 읽을 필요가 없어졌다.

10

| 슬로바키아 |

세책 독서 문화의 선진국

프랑스대혁명이 일어나기 직전인 18세기 후반에 오스트리아 황제가 도서 검열 완화 정책을 추진했다. 이는 합스부르크 제국의 간섭과 통제 아래 있던 동유럽 여러 나라에서 책이 유통되고 독서가 발달되는 계기가 되었다. 동유럽 국가 중에 폴란드, 불가리아에서는 상대적으로 세책업이 발달하지 못했지만 슬로바키아에서는 세책 문화가 뚜렷이 나타났고 관련 자료 역시 풍부히 남아 있다. 계몽주의가 광범위하게 퍼져나가면서 독서 분위기가 바뀌고, 비종교적 사상을 담은 다양한 출판물이 여러 형태로 출간되고, 책의 상업적 유통망이 구축되고 독자층이 형성되는 등 복합적 요인이 작용하면서 세책업이 발달할 수 있었다.

슬로바키아의 수도 브라티슬라바에 세책점이 등장한 시기가 언제인지는 분명하지 않지만, 1780년대에 이미 최소 3군데 이상의 세책점이 운영된 것이 확인된다. 1781년에 간행된 신문 브라티슬라바 소

1780년대 바이쎈탈 세책점이 있었던 브라티슬라바 중심지 벤투르스카 거리.
ⓒ이민희

식지*Pressburger Kundschafts-Blatt*에 세책점이 세워졌다는 소식과 함께 세책점의 도서대여 규정을 적어놓은 것이 전한다.[1] 빈 출신 서적판매상인 요한 토마스 트래트너Johann Thomas Trattner가 운영한 세책점도 있었다.[2] 1780년대 후반에는 브라티슬라바 중심지인 벤투르스카 거리에 주인의 이름을 딴 바이쎈탈Weissenthal 세책점도 들어섰다.

브라티슬라바에서 세책점은 계몽절대주의를 표방하며 교육개혁을 단행한 합스부르크 제국의 마리아 테레지아(1740~1780년 재위) 시절을 거쳐 요제프 2세(1765~1790년 재위) 통치기에 이르러 본격적으로 나타났다. 주인 이름을 딴 '요한 글라이스너Johann Gleixner 세책점'은 100년이 지난 1880년대까지 존속했는데, 여기서 만든 대여도서 목록은 100년 동안 달라진 부분이 별로 없었다.

영업 방식

요한 글라이스너는 경영 철학을 가진 소신 있는 세책업자였다. 세책 장부 앞부분에 왜 세책 영업을 하는지 그 이유를 밝혀놓았다. 가장 희귀하고 새롭고 최고인 책을 구비해 애독자에게 유용하고 재미있는 문학을 선사하고 싶다는 마음이 컸다.[3] 즉, 재미와 교훈을 두루 갖춘 책을 독자에게 공급하고자 했다.

세책점은 기본적으로 이윤 창출을 목적으로 했다. 책을 빌려 보는 독자(고객)가 있어야 하고 그 독자의 요구에 부응할 수 있는 책을 제때 확보해둬야 했다. 적절한 거래 방식도 필요했다. 세책업자는 독자의 취향과 선호도를 미리 파악해둬야 했다. 이에 슬로바키아 세책점은 책 제목에 "모두에게 특별한……"이라든지 "모든 이를 위한……"이라는 수식어를 삽입해 수많은 독자의 흥미를 끌었다.[4] 일종의 광고 효과를 노려 독서가 즐거운 시간 여행을 떠나는 듯한 재미 그 자체라는 점을 부각하고자 한 전략이었다. 그러나 이 방법을 자주 사용하다 보니 나중에는 오히려 책 제목만 보고 책 수준이 낮을 것이라는 의구심을 갖게 된 이들도 있었다.

세책점은 독자로서는 수많은 책을 쉽게 접할 수 있는 창구였다. 슬로바키아에서는 1년이란 기간을 정해놓고 책을 빌려다 볼 수 있도록 했다. 하지만 고객의 경제 사정에 맞게 분기별 또는 월별로 대여 기간을 정할 수도 있었다. 이렇게 책을 빌린 독자들은 커피숍이나 와인 바 등 많은 사람이 모인 곳에서, 또는 다른 사람에게 과시하고 싶은 마음에 걸어가면서 책을 읽었다. 대도시 공공장소에서 무언가를 읽는다는 행위는 자기 과시적 측면도 적지 않았다.

그런데 당시 군중이 많이 모이는 공간에서 식자층이 읽은 것은 책 형태의 긴 이야기라기보다 뉴스와 잡지, 소형 출판물 또는 브로슈어 같은 짧은 텍스트였다. 그렇기에 기존의 서적 판매업자들은 종교 서적이나 고전보다 세책점에서 팸플릿과 브로슈어가 더 많이 팔리는 상황이 못마땅했다. 또한 대중이 비싼 원본보다 싸구려 복사본을 더 좋아한다는 것도 불만이었다. 세책업자들은 인쇄본이 소장용 책이라기보다 몇 번 읽은 뒤 버릴 수도 있는 일회용 상품이자 소모품이라고 인식했다. 그리고 브로슈어나 팸플릿, 잡지 등 시사 문제를 다룬 서적이 여론을 형성하는 데 일조할 수 있음을 잘 알았다. 황제와 가톨릭교회에 대한 비방글과 개혁을 요구하는 글이 당시 매우 인기가 있었기 때문이다. 세책업자로서는 독자의 요구와 관심사를 무시할 수 없었고, 출판업자들은 이윤 창출과 더불어 여론 형성이라는 두 마리 토끼를 잡고자 했다. 그렇기에 세책점에서 금서를 공급했던 것이다.

대여 도서

브라티슬라바 세책점에서는 주로 통속적 성격의 소설, 신문, 브로슈어, 잡지를 빌려주었다. 현전 세책 장부에 의하면, 1780년대에 이미 2100여 종이 넘는 도서를 대여한 것이 확인된다. 세책 장부에 기재된 작품과 책 목록을 보면 당시 고객들이 실질적으로 어떤 책을 선호했는지 알 수 있는데, 오락용 책, 즉 소설책과 가십거리가 풍부한 브로슈어 종류가 목록의 다수를 차지했다. 교육용 문학작품이나 종교 서적은 거의 없었다. 당시 세책점을 이용하던 독자들은 제목에 '옛날' '오락' '재미' '놀이' 같은 표현이 들어간 책을 즐겨 읽었고 단연 소설책을 선호했다. 세책 고객 중에는 여성 독자가 적지 않았다. 그러나 여성들의 독서 취향은 남성과 조금 달랐다. 여성 독자들은 교육적 내용과 재미가 적절히 섞인 작품을 선호했다. 윤리, 교육, 건강, 복식 등의 용어가 들어간 책을 비롯해 성 관련 서적, 애정소설에 관심이 많았다.[5]

당시 가장 주목을 많이 받았던 소설책이 훌륭하다고 평가되던 고전보다 더 많은 인기를 누린 사실은 소설 독서에 대한 비판을 통해서도 확인된다. 당시 익명의 평자는 소설책의 위험성을 경고한 바 있는데, 그는 소설이 사랑에 관한 허구적 단편에 불과하다고 보았다. 그는 소설의 성격을 세 가지로 말했다. 첫째, 가볍고 장난스럽다. 둘째, 참신하지만 자유분방하고 설렌다. 셋째, 허무하고 무가치하다.[6] 그렇기에 소설책을 읽는 일 자체가 죄이고 음란한 짓이며, 소설이 젊은 사람들을 나쁜 길로 이끈다며 소설을 극렬히 폄하했다.

금서

1770~1780년대에 브라티슬라바에서는 독서 관련 논쟁이 자주 벌어졌다. 주요 논제는 통제되지 않는 독서의 위험성에 관한 것이었다.[7] 금서로 지정될 법한 내용의 책을 당시 독자들이 세책점을 통해 자주 빌려다 읽는 것이 사회 이슈였음을 방증한다. 브라티슬라바 세책점에

서 취급한 독일 작가 카를 필립 모리츠가 쓴 교양 심리소설 『안톤 라이저』(1785)는 교훈과 재미를 목적으로 한 작품으로, 대표적인 금서였다.[8] 하지만 내용이 흥미로웠기에 몰래 읽는 즐거움을 독자에게 선사하기에 충분했다.

세책점 도서가 검열 대상이 되면, 세책업자는 정보 유포 제한과 검열을 피하고자 책 제목을 순진한 내용인 양 포장하곤 했다. 교회 교리에 반하거나 절대왕정을 부정하는 내용을 담은 작품에는 제목에 '편지' '소설' '모음집'이라는 표현을 넣어 이미지를 순화하는 편법을 구사했다. 이런 제목 설정은 결과적으로 독자들의 관심과 취향을 자극해 책을 더 많이 빌려 보게 만들었다. 그럴수록 공무원과 검열 당국은 골머리를 앓으며 더 철저히 단속과 제재에 나설 수밖에 없었다.[9]

공무원들은 이미 금서로 지정된 것뿐 아니라 비판적 성향을 보인다 싶은 책도 모두 검열 대상으로 삼았다. 논란이 될 만한 계몽사상가나 철학자, 자유사상가, 농염한 사랑 이야기를 즐겨 창작하는 작가의 작품이 금서로 자주 지정되었다. 가톨릭교회를 공개적으로 비판한 레싱Lessing의 『볼펜뷔텔 익명자의 단편들*Fragmente des Wolfenbüttelischen Ungennanten*』(1784)[10]은 슬로바키아 작가의 작품은 아니지만 계몽주의와 세계 동포주의를 옹호하고 불순한 메시지를 담았다는 이유로 세책점 단골 금서가 되었다. 무신론적 유물론의 경전이라 불리던 돌바흐d'Holbach의 『자연의 체계*The System of Nature*』[11]도 유통 금지가 되었지만 빈을 거쳐 슬로바키아로 전해졌다.

이렇듯 검열관들은 불온한 사상서의 유통 기지 역할을 하던 세책점 취급도서를 검열하는 문제로 세책업자와 보이지 않는 전쟁을 벌였다. 그러나 상층 지식인 중에도 불온서적을 읽고 싶어한 이들이 존재해 원작을 개작해 퍼뜨리는 판매상과 세책업자도 있었다. 그러나 세책업자 중 소신 있는 지식인들은 위험을 감수하면서 세책점을 소신껏 운영해나갔다. 트래트너와 알로이스 돌 같은 세책업자는 세책업자이기 이전에 유명한 지식인 서적상이었다.

모든 서적과 출판물을 일일이 검열한다는 것은 현실적으로 불가능했다. 그렇기에 불온서적이나 금서를 소장하거나 빌려다 본 독자가 적지 않았다. 작가 존 프리델이 "금서는 검열관의 사무실에서만 존재할 뿐이다"[12]라고 말한 것도 이런 맥락에서였다.

슬로바키아 세책과 독서 문화

세책업자 돌은 자신의 세책점을 '새로운 시민 독서실'이라 불렀다. 그는 세책점을 통해 향유되는 서적들이야말로 독자의 관심사와 당대 독서 문화를 대변한다고 믿었다. 새로운 독자들은 종교 서적과 교훈서보다는 가볍게 읽을 만한 책을 선호했다. 그러나 예수회 성직자 또는 검열관으로 추정되는 익명의 작가는 헝가리 문학잡지인 『헝가리 상인*Merkur von Ungarn*』에서 세책 독서는 다른 곳에서 유행하던 독서 방식이 유입되어 소수의 애독자 사이에서 유행한 일시적 경향에 불과하다고 주장했다.[13] 세속문학에 대한 탐독을 일시적인 현상으로 폄하하면서 교육으로 통제하지 못한 갈증의 표출로 보았다. 그는 종교 비판용 소책자가 가톨릭교회에 대한 전통적인 믿음을 공격하고 기독교의 관용

정신을 파괴한다고 믿었다. 저급한 글을 쓰고 책을 출판하는 이들은 제대로 배우지도 못했으면서 겉멋만 중시하던 이라고 치부하고, 그들이 글을 쓰고 출판하는 이유 역시 단순히 이익을 챙기고 인기를 얻고 싶은 욕망 때문이라고 비판했다. 그의 이런 논리에는 책 유통이 유럽 전역에 불신자의 씨앗을 퍼뜨리는 원흉이라는 의식이 깊게 깔려 있었다.

그러나 작가 존 프리델은 독자의 심리를 고려해 브로슈어나 소설을 쓴 작가들이야말로 두려움이나 선입견이 없는 이라고 강력히 주장했다. 용기 있는 '싸구려 10페니용 작가'들이 대단한 역할을 해냈다고 봤다. 싸구려 작품을 쓰는 작가들 덕분에 교육의 사각지대에 놓인 이들에게도 계몽주의 사상을 심어줄 수 있었기 때문이다.

18세기 후반 들어 슬로바키아에서는 신구 독자 내지 상하층 독자 사이에서 갈등과 논쟁이 한바탕 휩쓸고 지나갔다. 종교 간 대립도 간과할 수 없었다. 신교가 가톨릭 개혁을 표방했지만 당시 가장 큰 사회적 위험 요소는 가톨릭이 이뤄놓은 기존 질서를 거부하고 개혁을 내세우는 신교라는 인식이 지배적이었다. 결국 '표현의 자유'와 '종교 이념(규율) 준수', 이 둘 중 어느 쪽을 택할 것인가를 놓고 갈등한 것이나 마찬가지다. 실제로는 계몽주의 추구라는 시대 흐름 속에서 출판이 계몽의 수단으로 장려되었다. 이런 분위기를 잘 알았던 세책업자들은 가톨릭교회와 교황, 수도원을 공격하는 내용의 책을 출판업자들에게 주문했다. 이처럼 세책업자가 세책용 인쇄본을 결정하기도 했다.

하지만 18세기 후반에 합스부르크 제국의 서적 통제를 받으면서 아슬아슬하게 세책 독서 문화를 형성해나간 슬로바키아도 사회 변화

앞에선 속수무책이었다. 19세기 말~20세기 초에 이르러 서점과 공공도서관이 서민 독자를 대상으로 서적을 유통하게 되자, 세책점은 역사 속으로 사라져버렸다.

11

| 스웨덴 |

서점을 통한 세책 독서

북유럽 나라 중 세책 문화가 가장 먼저 활발히 나타난 곳은 스웨덴이었다. 스웨덴에서는 서적대여를 하는 서점이 1757년에 등장했다. 출판업자이자 서적상이었던 라르스 살비우스가 처음으로 책 판매뿐 아니라 대여 영업까지 겸했다. 이런 서점을 두고 미국 도서관학 교수인 폴 코프먼은 '대여 선반rental shelves'이라는 별명을 붙이기까지 했다. 스웨덴에서는 다수의 서점에서 허가받지 않은 세책 영업을 행한 것이 특징적이다. 책을 빌릴 수 있다고 신문 광고를 낸 서점 주인도 있었지만, 대개는 광고를 하지 못했다. 정치인이나 귀족들이 서적대여에 호의적이지 않다는 이유가 컸다.

이런 가운데 1780년대에 공식적으로 허가된 세책점이 처음 나타났다. 그러나 독립된 세책점이 생겼다 해서 기존 서점에서 행하던 비공식적 서적대여가 없어진 것은 아니었다. 그리고 특이하게도 서점에서 스웨덴어로 출판된 책을 빌려주는 것을 금하던 때가 있었다. 그런

세책업자 망누스 스베데루스(왼쪽)
그가 1784년부터 1789년까지 운영한 세책점(오른쪽).

데 이 시기에 세책점에서는 반대로 스웨덴어 서적을 빌려줄 수 있었다. 세책점이 서점보다 우위를 점할 수 있는 절호의 기회가 찾아왔다. 하지만 그 기쁨은 오래가지 못했다. 1788년에 스웨덴 서적출판업자 협회가 세책점에서도 스웨덴어 책을 금지하라고 제동을 걸었기 때문이다. 당시 가장 많은 스웨덴어 책을 소장하고 있던 세책업자 망누스 스베데루스Magnus Swederus도 책대여 중단 명령을 받고 그 다음해인 1789년에 경영난으로 결국 세책점 문을 닫고 말았다.

18세기 후반에 스웨덴어 도서 대출이 엄격히 통제된 이유는 당시 스웨덴이 러시아의 간섭을 받고 있었기 때문이다. 1708년 러시아 표트르대제가 스웨덴과의 전쟁에서 대승을 거둔 후 1741년과 1788년 두 차례 더 러시아가 스웨덴과 싸워 승리했다. 정치적으로 러시아의 통제하에서 스웨덴어 사용과 스웨덴어 서적 유통이 자유로울 수 없었다.

이런 상황에서 19세기 초, 스웨덴 법원 총장 사무소가 서적 출판 및 유통에 관한 감독 감찰을 책임지게 되었다. 법원 총장 사무소는 서점 운영 규정도 새로 만들었다. 새 규정에 의하면 서점에서 스웨덴어 도서의 대출은 더이상 규제 대상이 아니었다. 대신 세책점에서의 도서 대출이 관리 대상으로 규정되었다. 이에 따라 1802년 이전에 세책점 운영 권한을 부여받은 주인들만 세책점 영업을 계속할 수 있었다.

당시 법무장관은 세책점이 스웨덴 서적 거래에 막심한 해를 입힌다고 보았다. 윤리적으로 부패한 전복적인 성격의 문학이 세책점을 통해 너무 쉽게 퍼질 수 있다고 여겼기 때문이다. 구스타프 3세 살인사건을 다룬 토머스 페인의 책 『인간의 권리*The right of man*』와 루이 라 비콩떼리 드 생삼송의 책 『프랑스 왕들의 범죄*Les crimes des rois de France*』가 스톡홀름 경찰청장의 명령으로 클레베의 세책점에서 몰수 처분당한 것이 그 예다. 신규 세책점에서는 출판된 지 6년 이상이 된 스웨덴어 책만 빌릴 수 있다는 황당한 규정도 존재했다.

세책 독서가 활발히 나타나기 어려운 환경이었음에도 스웨덴에서 세책 문화는 사라지지 않았다. 서점이 세책점으로 확장되기도 하고, 세책점이 서점으로 전환되기도 했고, 처음부터 독립적인 세책점으로 업종 변경을 하지 않은 경우도 있었다. 하지만 이렇게 독립적으로 운영된 세책점은 딱 두 군데밖에 없었다. 두 세책점은 오랫동안 영업을 계속하며 독점적 경영을 할 수 있었다.

스웨덴의 경우, 세책점이 서점에서 행하던 도서 대출에서 변형, 발전한 것이 다른 나라와 가장 차이나는 점이었다. 그리고 스웨덴 정부 당국도 서적 대여와 판매를 겸하는 형태를 더 선호했다. 게다가 다른 나라에서는 세책점에 열람실을 운영하는 방식이 흔했지만, 스웨덴에서는 대출만 할 뿐 부수적인 서비스를 제공하지 않았다. 예외적으로 스톡홀름 내 스베데루스Swederus 세책점만 열람실 서비스를 제공했을 뿐이다.

스웨덴에서 도서대출 업무를 맡은 직원은 대부분 대학을 졸업한 지식인이었다. 그들은 전공 지식을 갖추고 있었다. 독일어 교사이면서 도서대여 일을 하기도 하고 남편의 뒤를 이어 세책점을 운영한 클레베 부인은 야심이 많았다. 그래서 다른 세책점의 영업 방식을 그대로 따라 하지 않고, 고객이 좋아하는 책과 고객에게 추천하고 싶은 책을 직접 엄선해서 이를 비치해두었다가 빌려주는 식으로 영업을 했다. 스톡홀름 일간지 발행자인 요한 크리스토퍼 홀버그처럼 서적상이자 출판업자로 대여업을 겸한 이도 있었다. 세책업자 중에는 번역가도 있었다. 이렇듯 스웨덴에서는 서적대여를 하던 이들이 도시의 지적 문화생활을 이끌었다.

한편, 스웨덴에도 세책점 카탈로그가 다수 존재한다. 대출 사서였던 유스탄더는 카탈로그를 인쇄하지 않고 필기 기록 형태로 보관해왔다. 현전 카탈로그와 비교해도 당시 필기 기록 방식이 동일했음을 알 수 있다. 그런데 초기 카탈로그 등록 정보는 결함이 많았다. 고객 입장에서는 매우 불편할 수밖에 없었다. 후에 유스탄더는 알파벳순으로 정리한 카탈로그를 새로 내놓아 고객이 더 편리하고 쉽게 원하는 책을 찾아 대여해가도록 도왔다. 유스탄더가 새롭게 정리한 카탈로그는 당시 가장 인기 있던 장르인 '낱장 극 대본'과 '소설'이 중심이었다.

세책업자 망누스 스베데루스가 1784~1785년에, 클레베가 1784년, 1790~1792년에, 그리고 칼 콘라드 벤이 1801~1802년에 만든 세책용

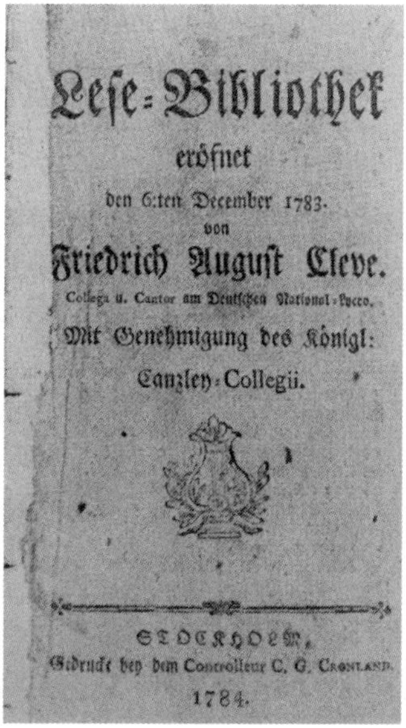
Lese=Bibliothek
eröfnet
den 6:ten December 1783.
von
Friedrich August Cleve.
Collega u. Cantor am Deutschen National-Lyceo.
Mit Genehmigung des Königl:
Canzley=Collegii.
STOCKHOLM,
Gedruckt bey dem Controlleur C. G. Cronland.
1784.

스웨덴의 클레베 세책점에서 1784년에 간행한 카탈로그.
웁살라대학 도서관 소장본. ©이민희

카탈로그는 모두 남아 있다. 카탈로그가 인쇄된 연도 직전 5년 내에 인쇄된 책이 소위 신간 서적으로 간주되었다. 취급 서적은 오락용 서적과 비오락용 서적으로 구분되었다. 통속문학에는 소설, 전기 회고록, 드라마, 여행서가 포함되었다. 카탈로그 목록을 보면, 통속적 성격이 강한 문학작품이 인기를 끌었음을 알 수 있다.

한편, 스웨덴 세책점 수수료는 유럽의 다른 나라에 비해 비쌌다. 독일에서 1년 구독료로 소설책 6권을 빌릴 수 있다면 스톡홀름에서는 고작 한두 권밖에 빌릴 수 없었다. 그런데다 스톡홀름 세책점의 개관 시간은 오전으로만 제한되어 있었다. 아무런 일도 하지 않고 오전

스톡홀름 감라 스탄 구시가지 광장.
오른쪽 구석에 위치한 건물이 있는 스토르토리에트 7번가에 스톡홀름에서 가장 오랫동안 영업한 세책점이 자리했다. 유동인구가 많은 광장 주변은 세책점이 들어서기 좋은 최적의 장소였다. ©이민희

에 세책점에 올 수 있는 이들은 시간적·경제적으로 여유로운 중상층 남성들이었다. 서민 독자들은 세책점을 이용하는 데 이만저만 불편한 게 아니었다.

세책업자 야코브 구스타프 비욘스톨은 스웨덴의 옛 수도인 웁살라에서 처음으로 대출 도서관을 설립했다. 그는 시민 독자들이 여가 시간을 활용해 진정한 미덕의 개념을 깨닫고 마음을 가다듬기를 바랐다. 그래서 소설, 연극, 역사, 전기傳記 및 여행 이야기책을 준비해놓고 영업을 했다.

1806년 스톡홀름에서 문을 연 어느 세책점은 3천 권 이상의 서적을 취급했다. 시골 마을에도 지점을 개설할 만큼 충분히 큰 규모였다. 그리하여 성공을 거둔 세책점은 지방 도시나 시골에 지점 내지 분점을 내는 방식으로 사업을 확장해나갔다. 스톡홀름에 있는 분점은 위치가 여러 번 바뀌었지만, 그래도 꾸준히 영업을 이어갔다. 특히 스톡홀름 구시가지인 감라 스탄의 광장인 스토르토리에트 7번가에 위치한 세책점이 가장 오랫동안 영업을 이어나갔다.

12

| 미국 |

소비 독서의 천국

미국은 영국 청교도들이 신앙의 자유를 찾아 신대륙으로 건너가 새로운 세계를 꿈꾸며 세운 나라다. 미국 동부 지역을 중심으로 정착한 이주민들이 크고 작은 도시를 세우자, 도시를 중심으로 한 생활문화가 자연스럽게 형성되었다. 미국은 영국의 식민지였던 시절 영국 문화의 영향을 받을 수밖에 없었다. 독서 문화도 예외는 아니었다.

그러나 영국 세책 문화가 그대로 미국에 전해진 것은 아니었다. 독립 전쟁을 치르고 식민지에서 벗어나면서 미국식 독서 문화가 형성되었다. 18세기에 유료로 도서를 대출해주는 회원제 구독도서관과 세책점이 경쟁했는데, 이 과정에서 미국 상황에 맞는 도서대여 및 독서 문화가 발달했다.

1760년대 이전 독서 문화 풍경

이제 막 신대륙에 정착한 이주민에게 독서란 생존을 위한 필수품과도 같았다. 넓디넓은 대서양을 항해하는 선원들에게 성경은 자신들을 천국으로 인도해주는 안내서였고, 교리서는 외로운 영혼을 보듬어주는 샘과 같았다. 그런가 하면 원예, 군대, 과학, 법, 역사 관련 책은 개척자로 살아남기 위해 갖춰야 할 긴요한 정보를 알려주는 지침서 같았다. 영국에서 미국으로 오는 배의 창고에는 신세계로 이주해오던 이들을 위한 책이 다수 쌓여 있었다. 17세기에 대부분의 식민지 주민은 영혼의 구원과 신체의 부활을 다룬 종교 서적을 즐겨 읽었다. 신앙심에 의지해 척박하고 위험한 환경에서 살아남는 힘을 얻었기 때문이다.

아직 독서 클럽이나 정치 클럽이 없던 시절, 영국에서는 런던 피커딜리 내 서점이 북 카페처럼 커피 하우스와 결합한 형태로 영업을 했다. 그러자 그곳이 사회 교류의 장소로 떠올랐다. 이런 사교 모임에서 도서판매상과 작가와 장서가가 만났고, 필라델피아를 비롯한 미국 동부 신도시로 책을 수출하는 거래도 이루어졌다. 18세기 초 유럽에서 미국으로 들어오는 책 상자를 취급하던 곳 중 하나는 커피 하우스였다. 그리고 새로 들어온 책을 광고하는 수단으로 신문이 중요한 역할을 담당했다. 커피 하우스에 삼삼오오 모인 사람들이 신문을 돌려 읽으면서 신문에 소개된 신간과 독서물에 대한 정보를 자연스럽게 교환할 수 있었다.

유럽에서 미국으로 이주해온 식자층이 늘어나고[1] 미국 정착민들도 안정을 찾자 18세기 들어 독서 생활도 점차 변해갔다. 여가를 누릴

필라델피아 소재 펜실베이니아대학 교정에 있는 벤저민 프랭클린의 동상.
그가 인쇄한 펜실베이니아 신문The Pennsylvania Gazette에 실린 자신에 관한 기사를 읽고 있다. 벤저민 프랭클린은 미국 건국의 아버지 이전에 인쇄업자요 교육자였으며 회원제 구독도서관을 처음 설립해 운영한 도서대여업자이기도 했다. ©이민희

요량으로 독서물을 찾는 이들이 늘어난 것이다.[2] 1740년에 영국에서 영어로 쓴 첫번째 근대소설이라는 평을 받는 리처드슨의 『파멜라』가 처음으로 미국에 소개되었을 때 그 인기는 실로 대단했다.[3] 당대로서는 상상조차 하기 어려울 만큼 소설 시장의 판도를 뒤집으며 미국 독서사에 한 획을 그었다.

그런데 미국에서는 세책점이 등장하기도 전에 이미 유료 도서대여가 이루어졌다. 이를테면 대학도서관[4], 회원제 구독도서관subscription library[5]에서 소수의 특권층만 책을 빌릴 수 있었다. 1730년대에 벤저민

프랭클린이 세운 '도서관 회사Library Company'라는 이름의 회원제 유료 구독도서관이 그 시작이었다. 이 회원제 구독도서관은 미국 도서관 발달과 독서 인구 확장에 큰 기여를 했다.

1760년대 세책점의 등장과 세책 독서 문화의 발달

18세기 중반 미국 사회에서 영국으로부터 독립하려는 목소리가 점차 강하게 분출되었다. 사회적·정치적 갈등이 심화되었고, 당대 사회 이슈를 다룬 신문과 팸플릿을 읽으려는 이들이 늘어났다. 이런 상황에서 1762년에 미국 동부 지역의 아나폴리스에서 세책점이 처음 나타났다.

아나폴리스의 인쇄업자 요나스 그린의 수습생이었던 윌리엄 린드가 바로 첫번째 세책점 주인이었다. 그는 1758년에 메릴랜드 신문*Maryland Gazette*을 간행할 때 요나스 그린의 파트너로도 참여했다. 언론계와 출판계 경험이 풍부한 린드는 유럽에서 성장해나가던 세책업에 자극을 받아 미 대륙에서 새로운 도전을 시도했다. 세책 독서 문화가 이미 영국과 유럽 여러 나라에서 빠르게 퍼져나가고 있었기에[6] 그 유행을 벤치마킹한 것이었다.

린드는 세책업이 '꽤 새로운 일'이라며 세책 문화 형성에 큰 기대를 가졌다.[7] 아나폴리스의 집에서 세책업을 시작한 린드는 신문에 세책점 운영 규칙을 광고했다. 광고에서 그는 가진 자들의 전유물로 여겨온 지식을 당대인이 쉽게 접하게끔 세책점 문을 열었다고 그 이유를 분명히 밝혔다.

이곳의 젊은이들이 오래전부터 문학책을 읽어보고 싶어했으나 책 자체를 구하기 어려웠다. (…) 이 계획(세책점 개업)의 목적은 부유한 남성들을 제외한 모든 일반인에게 오늘날까지 닫혀 있었던 지식의 샘을 확대하고 그곳으로 향하는 문을 여는 데 있다. 이 사업이 모든 친구의 후원과 지지를 받아 성공할 수 있기를 바랄 따름이다.[8]

당시 린드의 세책점에서 가장 인기가 많은 책들은 소설책과 사상서였다. 새뮤얼 리처드슨의 『파멜라』, 헨리 필딩의 『톰 존스, 어밀리아, 그리고 조지프 앤드루스』, 다니엘 디포의 『로빈슨 크루소』, 샤를 드 몽테스키외의 『법의 정신』, 볼테르의 『영국 민족에 보내는 편지』, 존 밀턴의 『실낙원』 등이 그러했다.[9]

지방의 소도시에도 1800년까지 도서대여 기능을 담당하는 세책점과 도서관이 들어섰다. 세일럼에서 존 다브니가 운영한 세책점(1789), 보스턴에서 윌리엄 핀슨 블레이크가 운영한 세책점(1792)이 당시 잘나가던 세책점으로 꼽혔다. 그 밖에 뉴욕에서 호켓 가리타가 운영한 세책점(1797), 보스턴에서 찰스 캘런다가 운영한 세책점(1815), 뉴올리언스에서 메리 캐럴이 운영한 세책점(1830)도 빼놓을 수 없다.[10] 이처럼 많은 세책점이 18세기 말부터 19세기에 걸쳐 나타나 세책업이 번창했다.

불과 수주 또는 수개월 차이로 린드의 세책점을 뒤잇는 다른 세책점이 등장했다. 린드 세책점이 영업을 시작한 지 16일이 지난 시점에 찰스턴에서 조지 우드가 세책점 광고를 냈다. 우드는 1767년 중반까지 세책점 운영을 지속했다. 특히 1767년 7월 20일에 자신의 세책점을 광고한 것이 아직 남아 있다.

> 역사, 항해, 여행, 생활, 회고록, 소설, 희곡 등 1000여 종의 흥미로운 책을 무척 싼 가격에 빌려드립니다.[11]

그후 미국에서 세번째 세책점이 1763년에 뉴욕에서 문을 열었다. 뉴욕시청에서 운영하는 사회도서관이 수리차 문을 닫자, 가렛 노엘이 그 기회를 노려 새로운 세책점을 열었다. 노엘의 세책점 광고는 뉴욕신문*The New York Gazzett*에 실렸다.

> 독서를 즐기려는 사람, 여가 시간을 활용하고자 하거나 긴 겨울밤 동안 오락과 이득을 동시에 추구하고자 하는 사람들에게 알려드립니다. 상인 커피 하우스 옆집에 서적판매상 가렛 노엘이 '세책점'을 새롭게 열었습니다. 세책점에는 역사서, 종교 서적, 여행서, 항해서, 소설 등 책 수천 권이 구비되어 있으니, 마음대로 골라 빌려 볼 수 있습니다.[12]

얼마 지나지 않아 보스턴에서도 세책점이 나타났다. 에든버러 출신 존 마인이 1765년에 보스턴에서 세책점 영업을 시작했다.[13] 처음에는 대로변에 가판대를 설치하고 영세한 형태로 영업을 했다. 그는 책만 대여한 것이 아니라 다른 물건(이를테면 2년산 고급 브리스틀 병맥주)까지 함께 팔았다. 1년 후에는 영국 커피 하우스British Coffee House

2층에 위치한 '런던 서점' 건물로 자리를 옮겼다. 커피와 독서를 겸할 수 있는 장소를 택해 이사간 것이었다. 개업 당시 그는 책 1200여 권을 소장하고 있었다.

존 마인 역시 세책점 문을 열자마자 고객 모집을 위해 신문에 장문의 광고를 게재했다. 개업 사실을 알리는 한편 57쪽짜리 카탈로그 복사본을 제작해 1실링에 판매했다. 카탈로그를 보면 3분의 1이 종교, 철학, 상업, 경제, 정치, 법 관련 서적이었고, 4분의 1은 문학책이었다. 나머지는 여행서, 역사서, 자서전이 주를 이루었다. 이중 소설책 대부분은 프랑스어 책이었다.[14]

1774년 뉴욕에서 세책점을 연 사무엘 루던은 런던 에이크만Aikman 서점까지 가서 책을 신중히 선별해 들여오는 정성을 보였다. 결과적으로 그런 노력은 성공적이었다. 그의 세책점은 2천 권 넘는 책을 소유한, 미국에서 가장 큰 세책점으로 성장했다.

1765년엔 보스턴, 1767년에는 필라델피아, 1773년에는 볼티모어에 세책점이 생겼다.[15] 미국에서 서적 수입은 늦게 시작되었지만, 1770년에 이르러 영국에서 다른 어떤 나라보다 미국으로 가는 양이 많을 정도로 미국은 영국의 주요 서적 수입국으로 급부상했다. 이처럼 미국에서 서적 유통과 독서 문화가 양적·질적으로 큰 전환을 이룬 시기가 18세기 중반이었다.

1762년 이후 세책점이 우후죽순 곳곳에 나타났지만, 회원제 구독도서관은 오히려 세책점과 오랫동안 경쟁하며 소수 회원들을 위한 맞춤형 도서대여 영업 전략을 구사해나갔다. 1780년에는 뉴잉글랜드 지역에만 회원제 구독도서관이 51개 존재했다. 이들 도서관은 연령,

1765년에 존 마인이 운영한 보스턴 최초의 세책점을 상상해 그린 그림. 1939.
이민희 소장본.

성별, 직업별 이용자 그룹의 욕망을 충족시켜줄 도서를 주로 비치해 놓았다. 구독도서관의 회원 자격은 영국에서처럼 명확하게 계급 구분을 따르지 않았지만, 대여료를 감당할 만한 사람만 가입이 가능했다.

미국에서 세책점 설립이 확산되는 데는 독서 열기와 함께 인쇄 기술의 비약적인 발전이 한몫했다. 북부 식민지에서는 문자 해득률이 꾸준히 증가하여 1710년에는 백인 남성의 70퍼센트가, 1790년에는 90퍼센트가 글을 읽을 수 있었다. 백인 여성은 읽기 능력보다 글쓰기 능력이 현저히 낮았다. 하지만 도시 거주 여성들의 읽기 능력은 꽤 높았다. 문해력을 갖춘 독자들이 도시를 중심으로 생활하고 더 많은 여성과 중간 계층의 독자가 늘어나면서 세책 독서를 할 수 있는 잠재 고객이 상당수 확보되었다. 인쇄소도 꾸준히 증가했다. 1740년에서 1770년 사이에 인쇄물의 양은 두 배 이상 증가했으며, 책 수입량도 10배 이상 증가했다.[16] 이러한 환경 속에서 윌리암 린드의 세책점이 1763년에 처음 생겨난 것이다.

미국에서 세책점의 등장은 기존 구독도서관의 틈새를 비집고 일반 독자를 대상으로 한 새로운 영업 전략의 승리이자 지식 확산과 독서 문화의 혁명과도 같았다. 싼값으로, 그것도 수많은 책을 마음껏 읽을 수 있는 유료 세책 시스템이 작동되었고, 이에 따라 높아진 독서열을 충족시킬 수 있게 되었다. 소설은 중하위층 시민 독자들의 취향에 딱 맞는 독서물이었다. 1765년에 불과 5천 가구밖에 없었던 필라델피아 같은 소도시에서 소설책과 희곡 몇 권을 소장한 세책점이 들불처럼 번져나갔다.[17]

기존 회원제 구독도서관들은 세책점과 경쟁을 벌여야 했다. 독자

벤저민 길드 세책점(1785~1792), 윌리엄 펠럼 세책점(1796)이 세워졌던 콘힐 58번지, 토머스 버넘 세책점(1830)이 위치했던 보스턴 시내 콘힐가 59번지의 현재 모습.
18세기 후반 이후 세책점이 있었던 곳은 현재 각종 건물과 빌딩이 세워져 흔적을 찾아보기 어렵다. 18세기 후반~19세기 초반 보스턴 오래된 번화가에는 세책점이 다수 존재했다. ©이민희

취향이 변하고, 새로운 트렌드의 서적 수입이 늘어난데다 챕북으로 통칭되는 싸구려 통속소설 시장을 접수한 세책점은 회원제 구독도서관보다 더 빨리 대중 취향에 맞는 다양한 책을 공급한다는 장점이 있었다. 신흥 세책점은 기존 회원제 구독 도서관과 비교할 때 당시 제일 먼저 유행을 선도하는 첨단 시스템이 구축된 곳이나 마찬가지였다. 그렇기 때문일까? 미국에서 초기 세책점의 평균 수명은 그리 길지 않았다. 3~5년간 영업한 세책점을 찾기 어려울 정도로 단기간에 문을 닫은 세책점이 많았다.

그러나 세책점은 인기 있는 오락용 장르인 소설책을 전략 상품으로 키워내고 맞춤형 광고와 독자의 취향에 맞게 책을 준비해놓는 방법으로 차별화를 시도했다. 기존의 구독도서관보다 다양한 책을 쉽게 접할 수 있고 소위 가성비가 좋아 일반 고객에게 매력적으로 다가갔다. 세책업자들은 이런 수요에 부응하고자 독서를 여가 및 오락의 형태로 상업화했다.[18] 이윤 창출을 극대화하려고 광고와 홍보에 열을 올리고, 여성 손님들의 취향을 저격하고자 사교 모임이 가능한 살롱처럼 인테리어를 하는 데 정성을 쏟았다. 또한 인기 있는 신간을 소장함으로써 독자에게 한 발짝 더 다가가려 애썼다. 그렇기에 여러 이유와 경제적 사정으로 회원제 도서관의 회원이 될 수 없었던 일반 독자들에게 세책 독서는 기존과 다른 유형의 독서 경험을 제공했다.

필라델피아에 처음 세워진 니컬라Nicola 세책점은 열렬한 이용자가 매일 책을 권당 1페니로 빌려 읽을 정도로 인기 있었다. 세책업자 니컬라는 그의 거주지에 사는 모든 이가 책을 빌려 읽기를 기대했다. 실제로 여성과 노동자들도 세책점의 등장을 반겼다. 여성들은 남성의 조언 없이도 스스로 책을 고를 수 있다는 데서 커다란 희열을 느꼈다. 이는 독서 생태계의 커다란 진전이었다. 니컬라 세책점은 여자들이 편안하게 입장할 수 있는 공간까지 마련했다. 회원제 구독도서관은 남자 회원만 출입할 수 있었기에 니컬라 세책점은 소외 계층에게 큰 호응을 얻었다.[19] 니컬라 세책점은 새 독자층인 여성과 노동자들이 즐겨 찾던 다수의 소설책을 구비해놓고 경쟁력을 더욱 높여나갔다.

니컬라 세책점이 지닌 또다른 경쟁력은 다양한 책을 마음대로 고를 수 있다는 데 있었다. 기존 구독도서관인 '도서관 회사'는 가치 있다고 승인된 책만 취급할 뿐 신상품이 별로 없었다. 니컬라 세책점의 대여 도서 목록은 남아 있지 않지만, 광고에 소개된 책 제목만 헤아려도 500권이 넘었다. 1771년경에는 대여 책수가 1000권 이상으로 늘어났고 많은 신작 소설의 제목이 열거되어 있다. 영국의 식민지 항구도시였던 뉴욕, 보스턴에서는 소설 독서 취향이 1760년대에 이르러서야 뒤늦게 나타났지만, 세책점이 한번 나타난 이후에는 빠르게 발전했다. 그 유행을 선도한 것이 니컬라 세책점이었다. 이에 반해 도서관 회사에서 1764년에 제작한 카탈로그를 보면 1000권이 넘는 책이 나열되어 있지만, 소설은 『톰 존스 *Tom Johns*』뿐이었다.[20]

한편 집안 대대로 인쇄 및 서적판매를 해온 토머스 브래드퍼드는 필라델피아에서 두번째로 세책점을 열었다. 이때는 회원제 구독도서관의 통폐합이 확정된 지 몇 주 되지 않은 1769년 9월이었다. 흥미롭게도 그는 가족이 운영하는 인쇄소와 서점, 커피숍이 위치한 번화가인 프런트 앤드 마켓 거리에 세책점을 내지 않았다. 주택가와 좀더 가까운 4번가와 아치 거리 근처 집에다 세책점을 차렸다. 니컬라의 세책점은 다른 주택가에 위치한 제3가와 스프루스 거리에 있었고, 도서관 회사는 도시 중심부인 5번가와 체스트넛 거리 근처에 있었다. 이렇듯 신생 세책점이 서로 가까운 곳에, 그것도 번화가가 아닌 주택가에 들어선 이유는 바깥 출입과 사회 활동이 자유롭지 못한 여성 고객들이 쉽게 드나들 수 있도록 하려 했기 때문이다.[21]

브래드퍼드는 당시 유행하던 소설책을 구비하는 일에 심혈을 기울였다. 그가 소장한 300여 가지 책 중 63퍼센트가 소설책이었다. 게다가 그 소설 중 4분의 3이 최근 10년 내 처음 선보인 신간이었다. 이

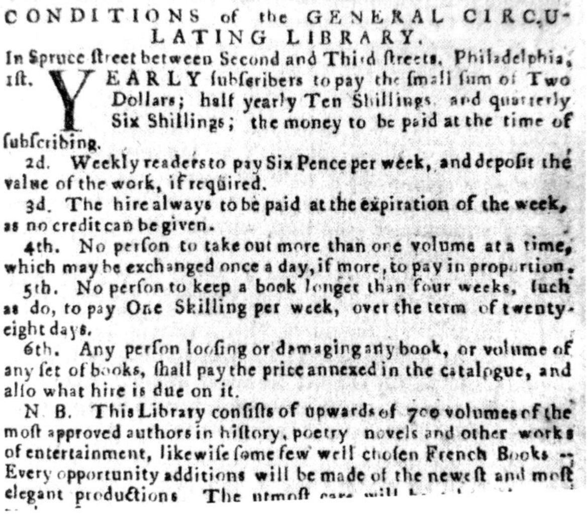

CONDITIONS of the GENERAL CIRCU-
LATING LIBRARY.

In Spruce ſtreet between Second and Third ſtreets, Philadelphia,

1ſt. YEARLY ſubſcribers to pay the ſmall ſum of Two Dollars; half yearly Ten Shillings, and quarterly Six Shillings; the money to be paid at the time of ſubſcribing.

2d. Weekly readers to pay Six Pence per week, and depoſit the value of the work, if required.

3d. The hire always to be paid at the expiration of the week, as no credit can be given.

4th. No perſon to take out more than one volume at a time, which may be exchanged once a day, if more, to pay in proportion.

5th. No perſon to keep a book longer than four weeks, ſuch as do, to pay One Skilling per week, over the term of twenty-eight days.

6th. Any perſon loſing or damaging any book, or volume of any ſet of books, ſhall pay the price annexed in the catalogue, and alſo what hire is due on it.

N. B. This Library conſiſts of upwards of 700 volumes of the moſt approved authors in hiſtory, poetry, novels and other works of entertainment, likewiſe ſome few well choſen French Books -- Every opportunity additions will be made of the neweſt and moſt elegant productions. The utmoſt care

니컬라 세책점의 신문 광고.

펜실베이니아 저널Pennsylvania Journal, 1770. 01. 18.

는 1769년에 도서관 회사에서 소장한 책 중 4퍼센트 미만이 소설인 것과 대조적이었다. 브래드퍼드는 이 새로운 장르가 도시를 사로잡을 것이라고 확신하며 전 재산을 소설책 구입에 쏟아부었다. 그 예상은 적중했다. 그해 고객이 빌려 본 책이 약 7천 권이었는데, 그중 86퍼센트가 소설이었다.[22] 그리고 대출자 중 거의 절반이 여성이었다. 여성 독자와 소설책이야말로 세책 독서를 견인하던 쌍두마차였다.

고객층에서도 브래드퍼드의 대출자 중 거의 절반이 여성이었다. 브래드퍼드 세책점은 그의 집 응접실에 면해 있었고 실제 지배인은 아내 폴리였던 것으로 보인다. 사실 브래드퍼드 세책점은 가정집 공간 일부를 활용해 운영되었다. 브래드퍼드 세책점 장부를 보면 단골 고객이 거의 매일같이 방문했다는 사실을 잘 보여준다. 아마 이 단골들은 브래드퍼드 부인과 함께 사교 모임을 갖던 이들로 보인다.

미국 독립 전쟁~18세기 말 : 세책 문화의 급성장

독립 전쟁 발발 이전이 시행착오를 거치며 세책업의 토대를 마련해나간 시기라면, 독립 전쟁 이후부터 1800년까지의 17년은 미국 세책 문화의 성장기라 할 법했다. 전쟁의 여파로 사라질 듯했던 세책 독서가 전쟁 전보다 더 활발히 이루어졌다. 세책점 영업장의 크기가 더 넓어지고, 소장 책수도 많아졌다. 회원제 도서관보다 훨씬 더 다양하고 흥미로운 책으로 가득찬 곳이 세책점이었다. 독립 전쟁 이후로는 세책점이 경쟁에서 앞서며 회원제 도서관을 대신해 18세기 후반부터 19세기 후반까지 100년 넘게 서적 시장을 장악했다. 통속문학과 소설을 주로 취급하고 역사서나 여행서, 각종 실용서적을 구비해놓아 독자들의 취향과 욕구에 부응했다. 회원제 도서관보다 세책점에 더 큰 매력을 느낀 이들이 점차 늘어나자, 대도시나 신도시에서 회원제 구독 도서관보다 세책점의 수가 폭발적으로 증가했다.

한편 뉴욕에서 존 펠로가 1793년에 처음 문을 연 세책점은 1797년에 호켓 카리타에 인수되어 크게 확장되었다. 카리타 세책점은 미국에서 유명한 세책점이 되었다. 프랑스 이민자인 카리타는 1797년부터 1804년까지 영업을 했다.[23] 1800년에 이 세책점은 3천 권이 넘는 도서와 3만 권이 넘는 판매 또는 대여용 서적을 보유했다. 1804년에 발행한 카탈로그에는 소설책 2천여 종을 포함해 장서 수천 권이 수록되어 있었다.

시간이 흐를수록 세책점은 대중 독자의 기호를 정확히 파악해 그 취향에 맞는 책을 준비해놓고 적극적으로 도서대여를 통한 이윤 창출에 힘썼다. 하지만 무리하게 사업을 확장하던 카리타 세책점은 경영난에 직면했다. 1804년 카리타는 모국인 프랑스로 돌아가면서 사업을 출판사 주인 아이작 라일리에게 양도했다. 하지만 얼마 지나지 않아 출판사마저 파산하여 당대 미국에서 큰 세책점 중 하나인 카리타 세책점은 폐점하고 말았다.[24]

19세기 세책 문화의 전성과 쇠퇴

초창기 세책점은 오래 지속되지 못했지만, 조금씩 세책 체계가 마련되고 세책을 원하는 독자들도 늘어나면서 1800년대까지 주요 지역마다 도서대여 기능을 하는 세책점이 자리를 잡았다. 다수의 세책점이 18세기 말부터 19세기에 걸쳐 나타났는데, 이 시기에 미국에서 세책 독서가 가장 발달했다.

미국에서 세책이 가장 성행한 19세기 전반기에는 소설 독서에 대한 요구에 부응하고자 세책점마다 선반에 소설책을 잔뜩 진열해놓곤 했다. 독립 전쟁이 끝나 국내 정세가 안정되자, 더 많은 이가 독서에 관심을 가졌다. 세책점 주인들은 소장 도서를 늘리되 흥미 본위의 읽을거리로 채워놓았다. 그리고 접근성이 용이하고 이용이 편리한 위치에 세책점을 열고자 했다. 세책점들은 고객이 더 많은 책을 접할 수 있도록 별도로 열람실을 만들고, 자신들의 소장 도서 외에 임시 보유 도서까지 확보해놓았다.

19세기 중반까지 대부분의 세책점에는 전기傳記서, 역사서, 여행서가 쌓여 있었고, 소설책과 로맨스 서적을 대량으로 들여왔다. 세책점에서 취급하는 소설 중에는 수준 높은 작품도 있었지만, 감상적이고 선정적인 내용의 작품도 많았다. 문학적 가치를 의심할 만한 해적판 소설도 적지 않았다. 저작권 개념이 없던 때라 기존 작품을 베껴 조잡하게 만들어낸 해적판도 성행했는데, 그런 책까지 세책점에서 다수 취급했다. 비평가들은 이런 소설책이 버젓이 유통되는 상황에 세책점 책임도 있다 보고, 세책점을 "악의적인 지식의 상록수evergreen tree of diabolical knowledge"라 일컬으며 원색적인 비난을 퍼붓기도 했다.[25]

19세기에는 시사 정보에 대한 수요가 증가했다. 이에 따라 많은 세책점에서 신문, 잡지, 팸플릿까지 구비해놓고 대여를 했다. 구독료를 낸 독자들은 이러한 읽을거리까지 자유롭게 열람 가능한 상업용 열람실 내지 독서실을 찾았다. 세책업자들은 세책점에 친교와 사교를 목적으로 한 공간까지 따로 만들어 사람들을 불러모았다. 19세기 초 이런 세책점의 약진과 별개로 기존 회원제 구독도서관도 계속 소수 회원을 상대로 한 맞춤형 대여 서비스를 제공하며 살아남고자 했다. 소수의 개인 회원 취향에 맞는 서적과 그림을 따로 구비해놓고, 그들만의 사교·친교 공간까지 제공했다. 1807년에 설립된 보스턴 아테네움이 그 예다. 이 회원제 구독도서관은 상층 인사들과 부자, 지식인, 예술인 회원의 독서 취향을 충족하는 방식으로 영업 전략을 편 결과,

1807년 설립된 보스턴 아테네움.
소수 회원제로 운영된 도서관으로 회원제 구독도서관과 흡사하다. 현재 약 수십만 권의 고서를 소장중이며 박물관과 도서관을 겸한다. ©이민희

그 명맥을 오늘날까지 유지하고 있다.

신문과 잡지를 포함해 당대 인기 있던 문학작품에 대한 대중의 요구가 끊이지 않자, 결국 지방정부와 기업이 나서서 각종 독서 시설을 만들기에 이르렀다. 그리고 세책점에 독서 욕구를 충족시킬 수 있는 시스템을 마련하라고 거듭 촉구했다. 그 결과, 많은 세책점은 열람실까지 별도로 만들고 임시 보유 도서까지 확보해놓기도 했다.

시간이 지나 세책점은 동부에서 중부를 거쳐 서부로까지 확산되었다. 오하이오주 신시내티에는 1830년대에 책 6천여 권을 소장한 세책점이 있었다.[26] 1904년에는 서적상이자 문구점 주인인 토머

1905년경 미국 워싱턴 카운티에서 마차로 운영된 이동식 도서관.

스 레디쉬가 신시내티 시내 브로드웨이 53번가에서 운영한 선Sun 세책점이 유명했다.[27] 콜로라도주는 탄광과 목축업이 발달해 사람들이 천막을 치고 이동하며 생활하는 경우가 많았는데, 수개월 또는 수년간 한곳에 캠프가 설치되면 그 지역 내 학교에 대여도서관이 생겼다. 1902년경 이 대여도서관에는 장서 50여 권이 있었다.[28] 이동식 대출도서관으로 독서에 대한 갈증을 해소하고 어린이들을 위한 교육 기회도 제공해주었다. 미국 워싱턴 카운티에서 마차로 운영된 이동식 도서관도 그중 하나였다. 북미 서부 태평양 연안에 등장한 세책점은 1836년 벤쿠버에 세워진 허드슨 베이 도서관이었다. 오리건주에는

1926년 미국 오리건주 멀트노마 카운티에서 운영한 이동식 공공도서관.
©Flickr

1840년에 멀트노마 세책점이 등장했다.[29]

미국 남부도 서부와 마찬가지로 다른 지역보다 상대적으로 늦게 세책점이 나타났다. 뉴올리언스에서 세책점은 19세기 말에나 나타났다. 보수적 성향이 강한 루이지애나주 남부 도시 뉴올리언스에서는 월급을 받은 최초의 여성 신문기자이자 캐서린 콜이란 필명으로 글을 썼던 마사 라인하르트 필드가 처음으로 세책점을 세웠다.[30] 그녀의 글은 개혁이 더딘 도시에 문학과 교육에 대한 새로운 바람을 불러일으켰고, 세책점도 그런 역할을 담당했다.

그러나 19세기 중반 이후로 독서 환경과 독자의 취향이 크게 변했

보스턴 소재 브래틀 서점Brattle Book Shop.
미국 내 현존하는 가장 오래된 고서점이다. 이 고서점은 원래 1825년 여러 세책점이 모여 있던 콘힐 거리에서 세책점으로 출발했다. 그러나 얼마 후 세책 영업을 중단하고 서점으로 변신했다. 브래틀 거리에도 있었기에 고서점 이름을 거기서 따왔다. 1949년부터 현 주인 집안이 운영을 해온 이후 미국 최고의 고서점 중 하나로 명맥을 유지하고 있다. ©이민희

다. 신문이 발달하면서 단편 연재 서사물을 선호하는 독자가 늘어나고, 서점과 공공 무료 도서관이 도시를 중심으로 나타났다. 세책점에서 유료로 책을 빌려다 보는 행위는 더는 매력적인 소비가 아니었다. 미국에서 신문업과 신문 구독이 크게 발달하면서 세책업은 쇠락의 길을 걷기 시작했다. 신문을 통해 새로운 정보와 이야기를 매일매일 접하게 되었기 때문이다.

무료 열람과 독서가 가능한 공공도서관이 다수 설립되고, 대량

출판으로 값이 저렴해진 책을 서점에서 쉽게 구할 수 있는 환경이 마련되었다. 또한 19세기 후반에 새로운 인쇄 기술이 개발돼 책의 가격을 낮추었다. 그 결과 책을 빌려 볼 수밖에 없었던 독자가 책을 직접 구매해 볼 수 있는 독자로 바뀌었고 새로운 매체인 텔레비전이 등장하면서 20세기 독서 문화를 선호하던 고객들의 취향마저 달라져갔다. 텔레비전은 세책점과 회원제 구독도서관의 숨통을 조여왔다. 도서대여가 갖고 있던 장점이 그 매력을 잃자, 미국에서 세책점은 1900년 이후 점차 자취를 감추게 되었다.[31]

13

| 자메이카 |

카리브해 섬나라의 세책 풍경

아메리카에서 중남미 지역보다 세책 문화와 세책 영업이 활발했던 지역은 당시 유럽 열강의 식민지였던 카리브해 섬나라들이었다. 카리브해 섬나라들은 다른 라틴아메리카 나라들보다 일찍이 더 직접적으로 유럽 문화의 영향을 받았다.

모두 유럽 국가들의 식민 통치를 경험했기에 이러한 섬나라는 문화적 영향을 많이 받을 수밖에 없었다. 당시 식민주의 정책과 경제 발전 정도에 따라 독서 생활과 세책 문화가 달리 형성됐다. 16세기 식민지 시대에 가장 먼저 나타난 도서관은 성직자들이 설립한 곳이었다. 일부 성직자가 개인 소유의 도서관을 운영했는데 도미니카에 설립된 수녀원 도서관이 그 예다. 한 성직자가 수녀도서관을 구독도서관 형태로 운영하면서 그곳에 이주해온 스페인 사람들에게 회비를 받고 책을 빌려주었다. 당시 카리브해 연안 지역에서 책은 원주민들을 지배하고 기독교화하는 유용한 도구였다.

카리브해 국가 중 세책 문화가 가장 발달한 나라는 자메이카였다.[1] 1718년 자메이카에 인쇄기가 도입되고 최초의 지역신문인 주간 자메이카 쿠랑*The Weekly Jamaica Courant*이 발행되었다.[2] 하지만 신문 발행 같은 불확실한 수익에만 의존할 수 없었기에 인쇄업자들은 해외 출판물과 다양한 상품을 파는 가게 운영과 역무원을 겸했다. 이런 겸업의 연장선상에서 구독료를 내면 책을 일정 기간 빌려주는 도서대여까지 하게 되었다.

자메이카 내에서도 킹스턴을 중심으로 출판이 활발히 이루어졌다. 킹스턴은 자메이카에서 가장 크고 번화한 도시이자 유럽과 북아메리카에 있는 배들이 자주 드나들던 항구였다. 그렇기에 이곳에서 유럽 문화를 제일 먼저 접할 수 있었다. 이때 도덕적 내용의 종교 서적보다 오락용 책을 좋아하는 이들이 많아지면서 소설책은 인기를 얻기 시작했다.

자메이카에서 가장 먼저 세책 영업을 시작한 이는 킹스턴에 살던 윌리엄 에이크만이다. 그는 문방구와 책을 함께 취급하던 가게에서 도서대여를 시작했는데, 당시 유명한 연극 감독으로 미국에서 활동하다가 독립 전쟁 때 자메이카로 돌아온 데이비드 더글러스와 함께 출판물을 발행하고 세책 영업까지 했다. 에이크만은 책과 문구류 외에 차, 와인, 직물, 신발, 담배 등 잡화를 팔고 부동산 일까지 겸했다. 잡화점에서 소설책을 구비해놓고 구독을 신청한 이들에게 저렴한 값으로 다양한 책을 제공했다. 에이크만은 1779년에 세책점에 소장된 도서 목록 카탈로그를 만들어 구독자에게 배달해주고 신규 가입자를 모집하는 전략을 적극적으로 폈다.

책대여는 자금 회전이 빠르지 않은 일이라 자기자본으로 시간을 두고 경영해야 오래갈 수 있었다. 그러나 독자들이 책을 빌려 읽는 문화에 익숙하지 않았기에 빌린 책을 반납하지 않거나 훔쳐가는 일이 빈번했고 이로 인한 손해가 막심했다. 에이크만은 극약 처방으로 1780년 수차례에 걸쳐 다음해에는 세책점을 폐쇄할 수밖에 없다는 광고까지 냈다. 그는 "적당한 비용으로 최고의 영국 작가의 책을 정독하고 싶은 신사 숙녀 여러분"[3]이라는 표현까지 써가며 미반납자에게 경고성 메시지를 에둘러 날렸다. 폐업을 결정해야 하는 위기 상황에 봉착한 1779년에도 "대부분의 책이 새롭고, 가장 좋은 판본이며 우아하게 장정된 소장품"이라며 경매 광고까지 내고 책을 팔아 세책 영업을 유지하려 했다.

그 덕분이었을까? 다행스럽게도 에이크만은 경영난을 극복해 상당 기간 세책 영업을 계속할 수 있었다. 1793년 킹스턴의 백인 인구는 어린이까지 포함해 약 3천 명에 달했다. 세책점을 정상적으로 운영하기에 충분한 이용자 수는 아니었다. 하지만 킹스턴 거주 독자 중에는 세책점 이용이 불편하더라도 이를 감수할 의사가 강한 열혈 고객이 많았다. 그 덕분에 세책점은 운영될 수 있었다.

한편 킹스턴 외곽에 위치한 몬테고베이에서도 제임스 패닌이 1784년 이전에 성 제임스St. James 세책점을 열었다. 미반납 고객에게 책 반납을 재촉하고 개정된 회원 자격 조건을 알리는 광고가 왕립 신문Royal Gazette에 실린 것으로 보아 세책 영업은 그보다 더 일찍 시작된 듯하다. 세책점 운영 지침에 의하면, 구독료가 1년에 2기니이고 선불만 가능했다. 한 번에 책 2권을 대출해 2주간 빌려 볼 수 있고 매일

오전 8시에서 오후 6시 사이 대여가 가능했다.

하지만 패닌은 대여자에게 이름과 주소를 적게 하고 대여 도서의 가치에 따라 보증금까지 요구했다. 이를 불만스러워하는 구독자도 있었지만, 책의 분실을 막기 위한 규정은 불가피했다. 소장 도서 목록을 만들어 5실링을 내고 이용하게 하기도 했다. 그리고 먼 지역에서 와서 책을 빌리고자 하는 이들에게 세트용 책을 한꺼번에 빌려주는 특혜를 주기도 했지만, 그중 하나라도 연체된다면 세트 전체 책 대여료에 해당하는 비용을 청구했다. 어느 페이지가 찢어지거나 더럽혀져도 세트 전체를 교체해야 했기에 상당한 추가 비용을 대출자가 지불해야 했다.

패닌은 에이크만과 마찬가지로 광고를 통해 책 반납 기한을 밝혀 놓았다. 그후로도 연체가 계속된다면 우편으로 연체 내역을 발송할 수밖에 없었다. 그러나 그 효과는 매우 적었다. 책의 회전율은 영세한 세책점일수록 운영에 치명적인 영향을 미쳤다. 세책업자가 투자금의 대부분을 회수하고 사업을 유지하려면 최소 5년에서 10년 정도 운영을 해야 했다. 패닌은 세책점을 30여 년간 운영하다가 1816년 이전에 폐업했다.

1816년 자메이카 몬테고베이에는 또다른 세책점이 생겼다. 아사 와일더가 운영한 세책점은 장서량이 많지 않았던 것으로 보인다. 이에 불만을 품은 고객들이 최신 출판물을 들여올 것을 요구하자, 와일더는 무례한 항의라며 오히려 구독자들에게 회원 탈퇴를 요구했다는 기록이 남아 있다. 구독자들이 요구한 책에는 소설, 연애담, 스포츠 잡지가 다수 포함되어 있었다. 카탈로그는 존 프레와 이즈메이 부인이 2실링 6펜스의 비용으로 제작한 것이었다.[4]

그후 1839년에 몬테고베이에서 세번째 세책점이 설립되었다. 자메이카의 도서관 표준이 될 공공도서관과 열람실을 제안한 데이비드 워홉이 운영한 세책점이었다. 워홉은 런던 최초의 세책점에서 일한 경험이 있다고 주장했다.[5] 그는 가장 재미있는 위인들의 전기, 항해서와 여행서, 소설과 로맨스, 런던과 에든버러에서 온 일간지와 주간지를 주로 취급했다. 그는 특이하게도 고객을 3등급으로 구분해 등급별로 세책 규칙을 달리 적용하는 영업 전략을 폈다. 연간 구독료를 내는 회원을 1등급으로 보고, 이들에게 신간을 우선적으로 선택할 수 있는 특권을 주었다. 그리고 한 번 빌릴 때 두 세트를 빌려주었다. 원래 1등급 회원은 연간 구독료가 6실링이었는데, 특별 할인가로 3실링만 받았다. 일반 회원은 2등급으로, 한 번 빌릴 때 한 세트씩 빌릴 수 있었다. 일반 회원에게는 회비를 연간 12실링 받았고, 여기서 한 세트는 두세 권으로 구성된 시리즈를 의미했다. 워홉은 3등급 고객도 정했는데, 이들은 책을 빌릴 때마다 요금을 내야 하는 비회원이었다.

자메이카에서 킹스턴은 서적 유통과 독서 그리고 도서 대출이 가장 활발했던 도시였다. 1790년경부터 이곳에 세책점 두 개가 매우 가까운 곳에 위치해 있었다. 책이나 잡지를 주로 빌려주던 두 세책점은 커피 하우스를 겸했다. 조지 바워와 토마스 스티븐슨은 모두 원래 서점을 운영하면서 문구용품과 신발과 부츠와 모자를 팔았다. 이미 1786년 신문에 바워와 스티븐슨이 각각 세책점과 문방구 광고를 올린 것이 확인된다. 바워는 1788년 7월 26일자 자메이카 신문에 미반납 상태인 책 104권 목록을 적고 구독자들에게 돌려달라고 촉구했다. 그는 미반납 도서들이 '가장 독창적인 귀중한 책들'이라며 의미를 크게 부여했다. 바워가 반납을 촉구한 세책용 도서 목록에는 소설뿐 아니라 역사서, 시집, 전기집, 여행서, 에세이, 교육서 등 최신 출판물이 많았다.

바워는 자신의 노력이 성공할 것이라고 낙관했다. 그는 킹스턴 세책점의 기존 단골 고객, 곧 보수 성향이 강한 고객에게 '감사하게도' 자발적 탈퇴를 요청하는 기발한 전략까지 구사했다. 신흥 독자를 위한 세책 영업이 살길이라는 사실을 절감한 것이다. 그는 영국 런던까지 직접 건너가 책 3천여 권을 사왔다. 그가 구해온 책 중에는 고전 및 당대 작가가 쓴 책, 자연 및 도덕 철학서, 소설 및 정기 간행물이 있었다. 그는 그런 신간을 런던에서 가장 유명한 서적상에게 정기적으로 공급받기로 약속했다. 그는 또한 세책점에서 오랜 시간을 하릴없이 보내는 것을 즐기던 신사 고객을 위해 호기심을 자극하는 재미있는 팸플릿과 독서물을 구비해놓고자 했다.

런던에서 돌아온 바워는 1790년에 신과 영웅, 반신반인을 다룬 새로운 희곡을 광고했다. 그는 세책점에 새로운 작품이 들어왔다는 것을 구독자들에게 거듭 알리고자 신문광고를 적극적으로 활용했다. 그런데 얼마 지나지 않아 또다른 광고를 통해 세책점에서 사라진(회수되지 않은) 책들을 언급했다. 그는 50실링스라는 거액을 상금으로 내걸었다. 책의 행방을 알려주거나 분실된 책을 구해오면 상금을 주겠노라고 알린 것이다. 그만큼 대출 도서의 반납과 장서 관리가 세책 영업에 있어서 생명줄과도 같았다.

토마스 스티븐슨은 한동안 윌리엄 에이크만의 킹 세인트 가게에서 일하다가 1784년 에이크만이 사망하자 서점을 운영하면서 잡화

판매와 세책 영업까지 행했다. 구독료는 3파운드 5실링으로 책정하고 계층에 따라 구독료를 달리 적용했다. 대출 기간 역시 달랐다. 킹스턴에 사는 회원들에겐 15일, 시골 회원에겐 일주일 동안 빌려주었다. 1808년경에 스티븐슨은 세책업에서 물러났다.[6] 그후 세책점은 주인이 여러 번 바뀌었지만 계속 운영되었다. 1839년 신문광고에는 책을 7천 권 이상 소장하고 있으며 회원의 경우 구독료가 연간 5파운드이고 미가입자는 1권당 5펜스, 1일 2권을 빌릴 수 있다고 홍보했다. 세책점은 1841년까지는 분명히 존재했다.[7] 그러나 그 이후로 어떻게 되었는지 알 수 있는 관련 자료가 거의 남아 있지 않다.

14

| 브라질 |

대서양 횡단 유럽소설 및 독서 문화의 종착지

유럽의 소설책과 독서 문화는 대서양 건너 남아메리카까지 영향을 미쳤다. 19세기 초, 정치적으로 독립을 이룬 브라질에서 서적 시장이 형성되고 도서관과 세책점에서 책을 빌려 읽는 독서가 나타난 것이 그 좋은 예다.

1808년 포르투갈 왕실과 왕립 재판소가 브라질 리우데자네이루로 수도를 옮겨 모두 망명하기 전까지만 해도 브라질에서 서적과 정기 간행물은 매우 제한적으로 유통됐다. 그러나 포르투갈 망명정부가 브라질 항구를 개방하고 대외무역을 장려하는 정책을 취하자, 문물 유입이 늘고 유럽의 선진 문물과 함께 서적이 대거 유입됐다.[1] 잠시 포르투갈 왕국의 수도가 된 리우데자네이루에는 1808년에서 1821년 사이에 프랑스어 책이나 포르투갈어 책을 다루는 서점이 여러 군데 생겨났다.[2] 이 무렵 브라질에 유럽의 계몽주의 사상과 낭만주의 문예사조가 들어왔다. 그 결과 문학과 예술계의 분위기와 풍토가 크게 바꿔었다. 특히 영국과 프랑스 소설이 다수 번역되어 브라질에 소개되었다. 그리고 소설책의 유통과 소설 독서는 브라질의 독서생활을 바꿔놓았다.

1821년에는 서적 검열 제도가 폐지되었다. 이에 따라 출판과 독서생활에 더 큰 변화가 나타났다. 책 출판과 신문 발간이 자유로워지고, 궁정에서 보려고 만든 책과 소설, 정기간행물까지 시중에 유통되었다. 왕실도서관은 왕실 구성원뿐 아니라 일반 국민도 이용하게 했다.[3] 이런 상황에서 1820년대에 구독도서관과 세책점이 리우데자네이루에 처음 나타났다. 브라질에서는 세책점보다 회원제 구독도서관이 더 발달했다. 구독도서관은 특정 자격을 갖춘 회원만 이용할 수 있었는데, 19세기 후반까지는 주로 백인계 이주 유럽인이 그 회원이었다. 원래 세책점은 출입 문턱이 높지 않아 원주민도 이용이 가능했지만, 이들의 독서열은 높지 않았고 이들에게는 대여료도 가격이 비싼 편이었다.

당시 브라질 거주 프랑스 이민자들은 도시의 식당, 카페, 상점, 서점, 독서실 등 상당수 사업체를 소유했다. 초기 세책점도 대개 유럽에서 이주해온 이들이 운영했다. 초기 세책점은 대여 공간이지, 공공으로 책을 열람하거나 토론하고 친교를 나누는 공간은 아니었다. 그래서 손님은 책을 빌려 집으로 가져가 읽을 수밖에 없었다. 하지만 시간이 지나면서 세책점과 회원제 구독도서관은 경쟁적으로 열람 공간reading room, 곧 공공을 위한 독서 공간을 마련했다.[4] 구독도서관과 세책점에서 책을 빌려 읽는 것 외에 사교와 친교 활동까지 이뤄졌다. 이에 따라 계몽과 교양 지식의 공유라는 독서의 의미 외에 친교와 사교라는 사회적 역할 또한 중요해졌다. 예컨대, 영국 이민자들은 1826년 리우데자네이루에서 영국식 회원제 구독도서관을 운영했는데 이때 도서대여를 빙자한 사교 모임이 빈번히 열렸다. 회원제 도서관 중에는 회원들만의 여가생활을 영위하기 위한 사교 모임으로 변질된 곳도 있었다.[5]

그러나 세책점과 구독도서관이 좀더 많은 책을, 보다 많은 이가 볼 수 있게 만들었음은 분명하다. 더욱이 책대여 사업장마다 별도로 만든 독서 공간(열람실)은 대박을 터뜨렸다. 독서실을 이용하려는 이들이 늘어나면서 독서실은 자연스럽게 책의 유통과 지식의 확산을 이끄는 공간으로 자리잡았다. 이 독서 공간은 당시 책 편집자, 작가, 독자 사이에서 중개자 역할을 하거나 여론을 형성하기에 충분했다.

브라질에서 세책 문화는 1840년대부터 활성화되었다. 1844년에서 1861년까지 리우데자네이루에만 약 8개의 세책점이 운영되었다.[6] 이들 세책점은 모두 오비도르 거리에 모여 있었다.[7] 그중에는 도서대여 업무만 한 세책점도 있었다. 하지만 대다수 세책점은 책의 판매와 대여를 병행하는 식으로 영업을 했다.

세책점에서는 프랑스소설 중 포르투갈을 배경으로 한 작품을 번역해 독자들의 호기심과 관심을 끄는 전략을 구사했다. 프랑스소설에 익숙한 브라질 독자들에게 포르투갈을 소재로 한 작품을 집중 소개하거나 브라질 작가들에게 프랑스소설에서 종종 사용되는 서술 기법을 적용해 소설 창작을 해볼 것을 직접 요구하기도 했다.[8]

이는 19세기 초 유럽의 영향을 받은 독특한 문학적 취향을 공유하는 사회집단이 브라질에서 형성되었기 때문이다. 이들은 세책점과 구독도서관에 구비된 신문을 빌려 읽으면서 지식과 정보를 나눴다. 그리고 여론을 만들어내고 사회변혁을 논하고 문화 진보를 꿈꿨다. 이 집단 중 하나가 리우데자네이루에 있는 포르투갈어 구독도서관 회원들이었다.[9] 리우데자네이루의 구독도서관은 포르투갈의 절대주의 정권에서 벗어나 브라질로 온 포르투갈 난민 40명 이상을 중심으로 1837년 5월 14일 만들어졌다. 난민들은 브라질에서 포르투갈을 위해 일하기를 원했다. 계몽과 오락을 위해 도서관을 건립하고, 포르투갈어 작품을 우선적으로 구입했다. 프랑스 작가의 작품은 초기 포르투갈어 구독도서관에서 큰 인기를 얻지 못했기 때문이다.

그러나 시간이 지나면서 초기와 달리 새 구독도서관은 흥미로운 소재의 독서물을 구비하는 데 관심을 더 많이 기울였다.[10] 그중 하나가 신문 문예란에 실린 프랑스소설이었다. 유럽에서 유행한 신문 연재소설이 브라질까지 전해졌는데, 이것이 브라질 내 구독도서관과 세책점에서 대여 1순위 독서물이 된 것이다. 원래 프랑스 신문의 '문예란' 또는 '문예란 기사'라는 뜻을 지닌 푀유통Feuilleton은 연속물 문예란에 실린 소품·비평·소설 등을 일컫는 말로 점차 확대되어 사용되었다. 이후로도 신문 문예란에 실린 통속소설 때문에 브라질 독자들은 신문을 계속 빌려 읽었고, 이 푀유통의 인기 덕분에 브라질의 독서 세계는 다채로워질 수 있었다. 구독도서관에서 저렴한 비용으로 여러 신문 기사를 빌려 읽되, 여럿이 돌려가며 함께 읽을 수 있다는 매력 때문에 브라질 독자들은 신문 연재 프랑스소설에 빠져들었다.[11]

알렉상드르 뒤마와 외젠 쉬가 쓴 푀유통 소설은 브라질 독자에게 큰 흥미와 자극제로 자리잡았다. 고딕소설 표현을 즐겨 사용한 빅토르 위고의 작품과 영국 소설가인 앤 래드클리프의 작품도 반향이 좋았다. 1860년대에 리우데자네이루 소재 포르투갈어 구독도서관에서 한 달에 평균 200명, 1년에 약 2400명의 독자가 외젠 쉬와 알렉상드르 뒤마의 작품을 빌려 읽었다.[12] 더욱이 뒤마의 『몬테크리스토 백작』은 빌려 보려는 사람들의 경쟁이 붙을 정도로 그 인기가 대단했다. 외젠 쉬, 알렉상드르 뒤마의 작품이 세계문학 반열에 오르고 파리에서 발달한 신문 연재물에 작가와 독자 모두가 열광하던 때에 브라질 리우데자네이루의 세책점과 구독도서관 이용 고객들은 고딕소설 독서의 열렬한 독자이자 동업자나 마찬가지였다.

리우데자네이루에 위치한 포르투갈 구독도서관에서 프랑스소설에 대한 소비가 집중되었다는 사실은 시사하는 바가 크다. 이것은 유럽 고딕소설 서사 전개 방식이나 주제 등 문학적 요소가 브라질 독자의 취향과 맞았기 때문이긴 하나 서적 출판과 유통이란 외적 요소도 무시할 수 없다. 1860년 초까지만 해도 구독도서관은 브라질 내에서 자체 출판한 책이 아니라 유럽과 미국에서 수입한 책을 훨씬 더 많이 소유했다.[13] 특히 1850년에서 1870년까지는 단행본은 물론 외국 저널까지도 여전히 대부분을 포르투갈에서 수입했다. 서적을 수입할 때는 관세가 상당히 낮게 부과되는 데 비해 브라질에서는 종이 값이 대단히 비싸 브라질 인쇄소에서 출판하려면 엄청난 비용이 들었기 때문이다.[14] 자체 출판 시 소요되는 비용보다 완성품 책을 수입해 유통, 거래하는 것이 훨씬 더 쌌다.

오랫동안 브라질 사람들은 프랑스 문화와 프랑스소설 독서 취향에서 벗어나지 못했다. 그런데 1870년대를 지나면서 브라질 독자들은 점차 포르투갈어 간행물을 직접 읽고자 하는 욕구가 생겨났다. 브라질 문학사에서 가장 뛰어나다 평가받는 자국어소설이 등장하자 민족문학의 가치를 깨달았고 그러면서 이를 읽으려는 독자가 대거 늘어났다. 브라질 최초의 소설로 평가받는 조아킴 마누엘 드 마세두의 소설 『혼혈 소녀*A Moreninha*』가 1844년에 발표된 이후, 40여 년이 채 안 되어 브라질 최고의 소설가로 평가받는 마샤두 지 아시스가 등장해 자국어 읽을거리를 한층 풍성하게 만들었다.[15] 마세두는 1800년대를 배경으로 한 의대생과 젊은 여성의 사랑 이야기를 다룬 로맨스소설로 유명해졌고, 아시스는 브라질문학을 대표하는 가장 위대한 작가가 되었다.

19세기 말 브라질 사람들은 유럽에서 넘어온 소설 독서에서 탈피해 지역문학 취향을 고려한 브라질 문학작품을 즐기는 방향으로 점차 바뀌어갔다. 이에 따라 구독도서관과 세책점에서 취급하는 소설의 내용과 작품도 달라졌다. 그리고 20세기 초에 이르면 서적 유통 주도권이 외국인이 아닌 브라질인의 손으로 완전히 넘어갔다.

브라질 끈 문학

세책점과 구독도서관을 자주 이용할 수 없었던 브라질 원주민 독자 사이에서 인기인 독서물은 따로 있었다. 브라질 서적행상이 가는 끈으로 묶어 가지고 다니며 팔던 '끈 문학Literaturea de Cordel' 책[16]이었다. 포르투갈어로 '밧줄'을 뜻하는 코르다corda에서 파생한 코르델Cordel 문학(끈 문학)은 밧줄을 꼰 끈에 판매용 전단지를 매달던 포르투갈 전통 방식에서 유래했다. 이것이 브라질에 일찍 전래되어 17세기부터 20세기까지 대중문학으로 엄청난 인기를 누렸다.

이 싸구려 끈 문학은 특히 브라질 북동부 지역에서 인기가 많았다. 대중 독자가 좋아할 만한 내용, 즉 정치와 교육을 풍자하거나 비판한 민요, 또는 사랑을 노래한 시편과 일반 가요 등을 담아 8쪽짜리 소책자(A4의 4분의 1 크기)로 인쇄했다. 이는 영국의 챕북, 프랑스 서적 행상인 콜포르트퇴르가 취급하던 소책자, 나이지리아의 오니차Onicja 문학과 그 형태와 성격이 매우 유사했다. 이런 싸구려 소책자를 서적 행상들이 가지고 다니며 팔거나 가판대에 줄을 걸고 매달아 팔았다.

유럽에서 끈 문학 소책자의 기원은 르네상스 시기로 거슬러올라간다. 당시 시를 읊던 음유시인의 이야기를 낱장으로 인쇄한 데서 출발했다. 특히 스페인과 포르투갈에서 음유시인의 통속문학papel volante 작품을 즐기는 문화가 발달했다.[17] 중세 때 코델리스타Cordelrista라는 연행자가 아코디언, 비올라 또는 탬버린 등의 악기를 반주하면서 노래를 부르거나 시를 고상하게 또는 불경스럽게 읊는 방식으로 광장과 공공장소에서 대중을 끌어들이던 전통이 계속 이어져왔기 때문이다. 이들은 장시, 서사시를 일반적으로 읊거나 노래했지만 짧은 희곡도 구연했다.

이런 포르투갈문학 전통이 브라질에 고스란히 전해져 18~20세기 초까지 끈 문학이라는 통속적 대중문학이 이어졌다. 브라질에서 널리 알려진 전통, 전설, 민속, 종교, 문학작품 및 가상의 사건, 역사적 또는 일상적 사건을 소재로 전단지를 인쇄하여 인기를 얻었다. 브라질 북동부 지역에서는 책 제목만 적힌 책도 팔렸다. 낱장 전단지의 경

브라질 북동부 지역에서 출판 유통된 끈 문학 소책자.

우, 문자열로 표시되거나 아예 제목이 표시되지 않은 채 줄에 매달려 판매되었다.

이런 소책자를 쓴 저자, 또는 연행자(또는 음유시인)는 비올라 등의 악기를 연주하며 선율과 리듬에 따라 암송하는 식으로 노래했다. 그들은 잠재적 구매자를 확보하기 위해 유명한 구절을 일부러 세련되게 읽어주기도 했다. 이 소책자 또는 전단지는 일반 소시민의 독창적인 감각과 개성뿐 아니라 브라질인의 유머러스한 비판 능력을 가장 순수하게 표현한 것으로 평가된다.

15

| 나이지리아 |

아프리카 출판과 독서의 꿈

아프리카에서는 정치적 · 문화적 · 지리적 여건 때문에 책의 출판과 유통 그리고 독서 문화가 20세기 중반 이후에 나타났다. 오랫동안 유럽 여러 나라에 식민 지배를 받았기에 중남미 지역과 달리 영어, 프랑스어, 스페인어, 포르투갈어, 독일어, 네덜란드어 등 나라마다 각기 다른 공용어를 사용했고, 정치적 · 경제적 · 역사적 환경에 따라 나라별로 책의 유통과 독서가 달리 나타났다.

아프리카에서는 책을 빌려 읽는 문화가 크게 발달하지 못했다. 대학 및 공공도서관도 20세기 초 이후 일부 도시에서 처음 나타났다. 대여료를 내고 책을 빌려 읽는 독서는 유럽인 커뮤니티에서 예외적으로 이루어졌다. 그만큼 책을 빌려 읽는 문화가 형성되기 위한 경제적 · 문화적 · 정치적 토대가 미약했다. 그런데 아프리카 나이지리아에서는 세책 독서를 대신해 아주 싼값으로 일반인 독자가 직접 책을 사서 독서하는 문화가 나타났다. 통속적인 이야기책을 일반 독자가 쉽고 저렴하게 이용했던 이유로 아프리카 고유의 독서 환경과 유통 시스템을 이해할 수 있다.

나이지리아 남동부 아남브라주에는 오니차Onitsha란 도시가 있다. 이 도시에는 나이지리아의 젖줄인 니제르강이 흐르고 아프리카 대륙에서 가장 큰 야외 시장인 오니차 시장이 있다. 그런데 이 오니차 시장에서 1940년대부터 1960년대까지 믿기지 않는 일이 일어났다. 예전부터 오니차에 큰 시장이 섰기에 물건을 사고팔려는 상인과 손님이 아프리카 각지에서 몰려들었는데, 1940년대에 시장을 찾던 손님을 대상으로 소책자와 팸플릿을 팔기 시작했다. 이게 큰 반향을 불러일으켜 오니차는 아프리카 최대 출판지 겸 독서 시장으로 급부상하게 된다. 그중에서도 이웨카 거리 51번지에서 가장 활발하게 거래가 이루어졌다. 오니차 시장을 중심으로 각종 싸구려 책이 불티나게 팔려 나갔기에 여기서 취급한 책을 특별히 '오니차 시장 문학'이라 부른다.

오니차 시장 문학이 처음 세상에 알려진 것은 1947년 타반시Tabansi 서점에서 치프리안 에크웬시의 두 작품을 출판하면서부터였다.[1] 나이지리아 대표 부족인 이보Igbo족의 민담을 모은 『레슬링 선수 이콜로와 그 밖의 다른 이보 이야기*Ikobo the Wrestler and Other Igbo Tales*』와 낭만적 사랑 이야기인 『사랑이 속삭일 때*When Love Whispers*』가 출간되자, 이런 작품에 흥미를 느낀 이들이 각자 제멋대로 글을 써서 싼값에 책을 출판했다.

오니차 시장 문학은 누구나 글을 써서 책으로 만들어 내다팔던, 아쉬운 대로 읽을 만한 작품이었다. 사랑, 섹스, 결혼, 돈뿐만 아니라 역사, 민담, 속담에 관한 이슈를 다룬 작품도 있었는데 오니차 시장 문학은 지역 언론에서 출판해 저렴한 팸플릿 형태로 유통되었다. 평이한 언어로 단순하게 구성됐지만, 사랑과 결혼을 비롯해 당시 사회적으로 많은 관심을 받은 주제를 택해 선정적이면서 직설적인 표현으로 몇십 쪽짜리 읽을거리를 잉크 냄새가 풀풀 나는 소책자로 찍어냈다.

나이지리아인들은 자신들의 경험과 삶에 특화된 책에 굶주려 있었기에 이러한 장르가 생겨날 수 있었다. 개성과 자율성을 중시하는 이보족 문화를 기반으로 예술가를 존경하는 분위기와 경제적 이득을 추구하려는 사회적 분위기가 결합해 짧은 기간에 새로운 작품 창작과 독서 전통이 만들어진 것이다.

오니차 시장 문학에 열광한 건 초등학생, 하급 사무직과 언론인, 초등학교 교사, 무역업자, 정비사, 택시 운전사, 농부, 노동자였다. 열띤 토론을 벌이는 학생, 작가 지망생, 이야깃거리를 찾는 인쇄소와 출판사 관계자, 흥미로운 이야깃거리를 가진 이야기꾼, 초보 오니차 문학 작가들에게 접근해 그들의 이야기를 책으로 만들어주겠다며 출판업자와 연결시켜주고 중개 수수료를 챙기던 업자들의 이해관계가 맞물려 순식간에 팸플릿 문학 산업이 발달했다.

작가가 다양하다는 것이 오니차 시장 문학의 가장 큰 특징이었다. 문학적 지식이 전무해도, 교육적 배경이 일천해도, 비평가들의 말에 별 관심이 없어도, 초등학교를 중퇴했어도, 교사나 장사꾼, 대장장이나 목수여도 누구나 글을 쓸 수 있었다. 시장에서 물건을 팔면서 시간 날 때마다 작품을 구상하는 상인, 휴일이나 여가 시간을 이용해 창작을 하는 교사와 학생, 출판사와 흥행 가능성을 판단해 원고료를 지불하려는 사업가가 있어 오니차 시장 문학은 크게 인기를 끌었다. 작가들은 대중 독자가 원하는 바를 정확히 알았다. 그렇기에 오니차 시장 문학의 본질은 대중의 기대를 충족하는 데 있었다.

세책점에서 다양한 책을 저렴한 값으로 다수가 볼 수 있도록 빌려준 것처럼 오니차 시장 문학 작품들은 아프리카 대중 통속문학 작품으로 대량생산되고 유통됨으로써 다수의 독자를 확보하고 대중 독서물의 지위를 획득했다. 대여가 아닌 판매되는 방식이었지만 독자 입장에서는 세책 독서와 마찬가지의 효능을 맛볼 수 있었다.

너 나 할 것 없이 오니차 시장 문학의 창작·유통·소비에 참여하자, 팸플릿 문학은 인근 지역으로까지 급속도로 퍼져나갔다. 요루바족의 도시인 이바단과 라고스, 하우사족의 도시인 자리아, 카노로 확장되더니 급기야 아프리카 전역에 걸쳐 독자층을 확보한 문화 산업으로 자리하기에 이른다.

오니차 시장 문학이 발달한 데엔 출판사의 역할도 무시할 수 없었다. 책의 유통뿐 아니라 창작 과정까지 개입했기 때문이다. 인기를 끌 만한 주제라 판단되면 출판사가 먼저 작가 후원을 결정하고, 작가는 출판사로부터 판매에 따른 수익을 할당받았다. 하지만 출판사가 철저히 상품성을 앞세우며 개입을 많이 하자 작품 제목과 내용이 어긋날 때도 있었다. 작가 이름을 써야 하는 부분에 출판사 이름을 쓴다거나 다른 작품에 등장하는 가상인물의 이름이 반복적으로 등장하기도 했다.

하지만 오니차 팸플릿 문학이 아프리카 독자들에게 독서의 즐거움을 불러일으킨 것만은 분명하다. 사건이 어떻게 전개될지 쉽게 예상되는 관습적 서사 구조에 아프리카인들이 좋아하는 소재를 삽입해 독자들은 친근하고 익숙한 이야기로 구성된 독서에 쉽게 빠져들 수 있었다. 이러한 흐름이 반복되다보니 글의 양식과 성격이 유형화되고 이전 작품과 큰 차이가 없어졌다. 동일한 주제와 기법, 전형적인 등장인물, 유사한 서사 전개가 여러 팸플릿 문학작품에서 발견되었다. 예컨대, 방탕한 생활의 위험을 경고하거나 돈을 빨리 버는 방법을 알려주는 주제가 대단히 흔했다. 『여자의 자존심은 남편*A Woman's Pride is Her Husband*』 『여자와 친구가 되는 방법*The Way to Make Friends with Girls*』 같은 책은 사랑과 결혼이라는 보편적인 주제를 다루었다. 『여자의 자존심은 남편』의 작가인 친웨 아카오사 부인은 책에서 나이지리아 여성들에게 남성에게 순종할 것을 노골적으로 조언한다. 사이 디알라가 쓴 『아프리카 총각 가이드와 여성 가이드*The African Bachelor's Guide and Lady's Guide*』에는 '결혼 전, 결혼 후에 결혼할 소녀를 찾는 데 있어서 기도의 중요성'이라는 장이 들어 있다. 1960년대 초, 나이지리아 최대 도시인 라고스의 젊은 미혼 여성들은 유부남을 남자친구로 선호했는데, 이런 여성들에게 조언을 한 것이다. 나이지리아 사람들에게 결혼 상대를 찾으려면 기도를 최우선으로 하라는 조언은 어떤 합리적 근거에 기인한 것이 아니라, 글쓴이의 소신을 강하게 어필한 것에 불과하다. 이처럼 누구나 작가로서 자기 생각을 남긴 글이 오니차 시장 문학 작품과 팸플릿이었다. 『여성을 조심하라*Beware of Women*』라는 제목의 책은 나이지리아와 아프리카 여성들을, 금을 파헤치는 이세벨로 묘사했다. 이세벨은 이스라엘 7대 왕 아합의 아내로, 바알이란 이교신의 숭배자이자 이스라엘에 악한 짓을 저지른 여성으로 알려져 있다. 구약성경에 기술된 이스라엘 고대 역사에 등장하는 팜파탈형 여주인공인 이세벨을 통해 돈의 노예가 되려는 여성을 경계하고자 한 것이다.

오니차 시장 문학 중 다소 과장되고 허무맹랑하다 싶은 내용의 책은 문법도 엉망이고 어휘도 낯설고 어색하다.[2] 시장에서 사용하는 거친 욕설과 구어 표현에 비논리적 서술로 내용이 엉망진창인 것도 보인다. 그럼에도 이런 책자와 팸플릿에 아프리카인들이 빠져든 이유는 자신들의 정신세계와 가치관, 생활 습관과 관심사를 친숙한 글쓰기 양식으로 이야기했기 때문이다.

안타깝게도 1967년에서 1970년까지 내전이 일어나면서 오니차 시장 문학은 치명타를 입었다. 그러나 오니차 지역이 출판의 메카로 성장해 나이지리아인들에게 다양하게 기여할 수 있었다. 오니차 시장 문학 덕에 저자들은 눈을 다소 뜨게 됐다. 내전이 끝난 후에는 여가로 책을 읽으려는 수요가 있었기에 출판 산업과 유통업이 지속적으로 성장하는 원동력이 되었다. 농촌 거주자들이 대거 오니차로 몰려들어 초중등교육이 대대적으로 확대되면서 서적 시장이 급부상하기도 했다.

현재 아프리카 대륙 전체를 놓고 본다면 지역 간, 제도 간뿐 아니라 일반 서적 독자와 학술 서적 독자 간 불균형이 심하다. 아직 세책 독서 문화가 형성되고 발달하지 못한 지역이 대부분이다. 일반 독자 다수가 쉽게 책을 접하고, 독서할 만한 환경이 여전히 마련되지 못해서다. 온라인을 통한 독서도 아직까지 진행이 더디다. 아프리카 지역 중 나이지리아를 중심으로 오니차 시장 문학과 팸플릿이 생겨나면서 출판과 유통, 그리고 독서 생활이 이뤄졌다. 이는 앞으로 아프리카에서도 독서 문화 지형이 확장되고 새로운 소비자가 등장할 가능성과 잠재력을 보여준 사례로 이해할 수 있다.

싱게티 도서관의 코란 컬렉션.
모리타니의 관광도시인 싱게티는 예로부터 대상隊商 무역의 중심지였다. 상인들이 쉬어갈 때 이 도서관에서 책을 빌려 읽곤 했다.

16

못다 한 이야기

18세기 세계지도를 펼쳐놓고 세책 독서가 발달한 지역을 표시해보자. 유라시아 대륙 양끝 지역에서 세책 문화가 일찍이 찬란하게 피어났다는 사실이 흥미롭다. 유럽대륙 서쪽 끝에 위치한 스코틀랜드와 잉글랜드, 아일랜드에서 세책 문화가 가장 먼저 활발히 나타났다면, 아시아 동쪽 끝에 위치한 일본과 한국에서 유럽과 비슷한 시기에 세책 독서 문화가 독자적으로 발달했다. 이후 세책 독서 문화는 유럽 내 다른 나라뿐 아니라 바다 건너 아메리카까지 퍼져나갔지만, 아시아의 경우 동아시아 삼국 간에 별다른 영향을 주고받지 않고 독자적으로 발전했다. 이제 앞에서 펼쳐놓은 세계 책대여의 풍경을 정리하며 미처 못다 한 이야기를 살짝 얹어 세계 세책 문화의 역사를 갈무리하자.

동아시아

세책 독서 문화는 동아시아 삼국(한·중·일) 중에서도 한국과 일본에서 발달했다. 중국은 일찍부터 출판문화가 성하고 서점 같은 서적 유통 시스템이 발달했기에 정작 세책 독서 문화가 꽃필 기회가 없었다. 이에 비해 한국과 일본의 세책 독서는 서로 영향을 주고받지 않았음에도 신흥 독서물인 소설책을 빌려 읽는 상업적 독서 문화를 공통적으로 형성해갔다.

일본에서 일반 시민 독자들은 세책점에서 싼값에 재미있는 오락용 책과 소설류를 빌려다 보았다. 18세기 초에는 도쿄, 교토, 오사카 등 도시뿐 아니라 온천장에도 전문적인 세책업자가 생겨났다. 카시혼야에서는 월말마다 대여료를 징수했다. 일본에서는 무사들이 지식인이자 주 독자층이었다. 따라서 세책업자 중에는 휴양하러 온천에 머무는 무사들에게 직접 책을 가져가주는 이도 있었다. 이때 일부 여성 세책업자들은 서적대여와 매춘을 겸하기도 했다. 카시혼야는 출판 및 언론의 통제와 검열을 계속 받는[1] 와중에도 책을 매개로 시민 독자의 의식을 깨우고 지식을 확산시켰다. 카시혼야 덕분에 일본 내 출판과 독서 문화는 활기를 띠게 되었고, 시민 독자들은 새로운 정보와 지식을 얻는 건 물론 오락적 흥미까지 충족할 수 있었다.

한국도 세책 영업 원리는 비슷했지만, 구체적인 양상은 달랐다. 18세기에 동전 화폐 사용이 점차 늘어나고 서울을 중심으로 시장경제가 발달했다. 이에 따라 독자가 힘들게 직접 책을 필사해 소장하는 것이 아니라, 전문 필사자에게 돈을 주고 대신 필사한 책을 자신이 소유하거나 이미 필사해놓은 소설책을 돈을 내고 빌려 읽는 방식으로 독서 풍경이 바뀌게 되었다. 18세기 후반 채제공과 이덕무가 남긴 글을 보면, 당시 서울 사대부 집안의 교양 있는 여성들이 경쟁적으로 세책점에서 한글소설을 빌려 읽었음을 알 수 있다.

다른 나라와 달리, 국내 세책용 책들은 인쇄본이 아닌 필사본이 대부분이었다. 국가에서 민간의 출판과 서적 유통을 통제하고 관리했기에 세책업자는 필사본을 만들어 대여해줄 수밖에 없었다. 그러나 목판 인쇄본 소설이 18세기 후반에 조금씩 나타나고 19세기가 되면서 대량생산이 가능해졌다. 소설 읽기를 나라에서 법으로 금하지 않고 묵인했기에 화폐경제가 발달하면서 출판 종사자들이 이윤 추구를 위한 목판본을 제작한 것이다. 한글소설을 찾는 독자층이 확대되었고, 그 수요에 부응하고자 생산자들이 방각본 소설을 내놓았다. 19세기 중반 이후로 이런 방각본 소설이 다수 출판되자, 세책업자들도 기존 필사본 외에 인쇄본까지 함께 취급했다. 제작비를 상쇄할 만큼 가치 있거나 인기 있는 책이 목판 인쇄의 대상이 되었다. 따라서 세책점에서도 흥행이 보장된 방각 소설책을 취급할 수밖에 없었다. 방각 소설책은 서민들이 즐겨 읽는 한글소설이 주가 되었다. 1890년부터 1892년까지 조선에 머물면서 세책점을 자세히 관찰한 모리스 쿠랑도 당시 세책점에서 빌려간 서적이 대부분 국문소설이라고 증언한 바 있다.[2]

하지만 근대에 이르러 독서 환경이 급변했다. 19세기 말, 한글 신문인 독립신문이 발간되고 20세기 초에 대한매일신보, 만세보 등 신문마다 이야기 연재물(신소설)이 다수 실리면서 읽을거리가 넘쳐났다. 다양한 종류의 값싼 활자본(딱지본) 소설책도 등장했다. 책을 사서 소유할 정도로 가격이 저렴해졌다. 대중 독자가 읽고 싶은 책과 신문, 잡지를 서점에서 구입하거나 공공도서관에서 쉽게 빌려 읽을 수 있게 되었다.[3] 독서 매체와 독서 환경의 변화로 결국 서울에서는 1920년대에 마지막 세책점이 문을 닫았다.

중국의 경우, 세책업이 전혀 나타나지 않았던 것은 아니다. 하지만 서적 출판이 활발했던 중국에서 책의 매매와 달리 대여 독서는 한국과 일본에 비해 상대적으로 미미했다. 중국에서도 개인적으로 책을 빌려 보던 '전차', 전문적인 대여점인 세서포에서 책을 빌리는 '조임'이 있었다. 하지만 세서稅書가 사회적 관심을 끌 만큼 활발히 나타나지는 않았다. 수많은 노동자와 빈곤층에게 책은 여전히 사치품이었다. 게다가 서점이나 서선 등에서 도서 매매뿐 아니라 도서대여업을 병행했지만, 필사 문화가 일상화되어서 돈 없는 이들이 직접 필사하는 일이 대단히 흔했다. 더욱이 출판이 일찍부터 발달했기에 책값이 비싸지 않았다. 장서 문화가 발달해 개인적으로 책을 소유하려는 의식이 강한 것도 한몫을 했다. 따라서 세책점에서 책을 빌려 읽고 돌려주기보다 본인이 소장하는 편을 더 선호했다. 이러한 이유로 출판업과 서점업이 크게 발달한 중국에서 세책업은 상대적으로 성장하지 못했다.

유럽

유럽에서는 이미 고대 그리스 때부터 도서관에서 책을 빌려다 읽었다. 아테네에서 돈을 내고 플라톤의 책을 빌려 보았다는 기록이 있다.[4] 아테네 유적지에서 출토된 비문에 "1시부터 6시까지 문을 열고" "도서관에서 작품을 반출할 수 없다"[5]라는 글귀가 새겨져 있다. 이미 2천 년 전에 책을 빌려 읽는 방식이 존재한 것이다.

중세 때는 필사본을 전문으로 대출해주던 '슈타치오나리stationarii'라는 이들이 대학에 고용되어 필사와 필사본 대여 업무를 보았다.[6] 필사본은 주문 제작되어 그 수가 많지 않았다. 초기에는 필사본 수요자와 필사가 업인 필경사 간에 계약을 맺고 필사본이 만들어졌다. 필사본은 주로 대학 교수, 성직자들이 찾았다. 그런데 필경사는 마음만 먹으면 필사본을 만들어 제멋대로 유통시킬 수 있었다. 이를 막기 위해 이탈리아 볼로냐대학에서는 필사본 거래를 통제하는 규정을 만들기도 했다.

슈타치오나리는 문구점 주인과 사서를 겸한 이들을 지칭했는데 그들은 대여료를 받고 책을 빌려주려고 여분의 책을 보유해두었다가 몰래 팔기도 했다. 하지만 개인이 필사본을 팔아 이익을 남기는 일은 불법이었기에 걸리면 큰 화를 면치 못했다. 대개는 필사본을 필요로 하는 이에게 개인적으로 빌려주곤 했다. 게다가 14세기 초만 해도 책을 갖고 도시 밖으로 나가는 일은 법으로 금지되었다. 당시 상층 귀족과 대학 도서관 관계자들은 학문과 지식을 자신들만 독점해야 한다고 믿었기 때문이다.

시간이 지나면 엄격했던 규정도 다소 느슨해지기 마련이다. 이 틈을 노려 슈타치오나리가 편법으로 책값의 1.5~2.5퍼센트에 해당하는 수수료를 받고 필사본 판매를 주선하는 일이 늘어났다.[7] 파리에서는 대학의 허가를 받지 않고는 어떤 필사본도 구입하거나 판매할 수 없도록 규정한 서약서가 만들어졌다. 그러나 필경사를 고용해 대규모로 필사를 하던 곳에서 필사본을 학자와 학생들에게 빌려주고 일정한 대가를 받기 시작했다. 파리대학을 비롯해 중세 대학들은 필경사 길드, 서적대여자 길드, 서적판매상 길드 등을 통해 필사본을 거래했다. 필사본 수요가 조금씩 늘어나자 생계유지를 위해 귀족이나 부자에게 전속 고용되어 베껴 쓰는 일을 전문으로 하는 클레리쿠스, 클러크Clerk, 서기가 도시를 중심으로 등장했다.[8] 성직자 출신의 필경사와 세속의 필경사가 서적거래상에 고용되어 필사본 제작에 참여하고, 필사본 매매도 조금씩 자유로워지자 필사본 판매소도 등장했다.

이후 구텐베르크 인쇄술이 유럽 전역으로 퍼져나가면서 인쇄본 출판이 활발해졌다. 이전 필사본 시절과 비교해 책수도 비약적으로 늘어났다. 16세기 초에는 필사본 제작을 위한 필경사보다 인쇄업자와 식자공을 찾는 경우가 더 많았다. 유럽에 형성된 큰 상업 도시에 새로운 인쇄술이 도입되어 책 제작에 사용되었다. 그 결과, 기존에는 수도원과 대학에서 필경사 수천 명이 하던 일을 기계로 간단하게 해결하게 되었다.

서점과 세책점이 성행하기 전부터 유럽 민간에서는 일반 독자들이 참여하는 소규모 집단 독서가 활발했다. 서적행상이 제공하는 책과 전단지, 신문을 통해 야회 같은 소규모 독서 모임에서 지식을 공유하는 일이 빈번했다. 이러한 독서 활동은 문화 활동과 문화적 감수성을 고양하는 데 적잖은 영향을 미쳤다. 서적행상이 공급하던 종교 서적, 싸구려 소책자 챕북, 역사소설, 연애소설, 불온 전단지는 '행상 문학'이라고 불렸다.

리투아니아 서적행상 스케치화. 1830.
리투아니아 예술 박물관 소장. ©이민희

18세기 초 영국 배스에서 처음 문을 연 세책점이 있었던 건물.
지금은 식당으로 사용되고 있다. ©이민희

그러다가 다수의 고객을 상대로 책대여 영업을 하는 세책점이 나타났다. 독서욕이 강한 시민계급 독자들이 세책에 관심을 가졌다. 값싸게 자기 취향의 책을 여러 권 골라 읽을 수 있는 혜택을 누리고자 한 것이다. 18세기 후반에는 프랑스, 독일, 슬로바키아, 스웨덴, 러시아에서 세책 문화가 나타났다.[9]

유럽에서 세책 문화가 상대적으로 늦게 나타난 지역은 북유럽과 동유럽이었다. 북유럽 국가 중에서는 스웨덴에서 세책 독서가 가장 활발히 나타났다. 1790년대에 스웨덴 웁살라를 비롯해 스카라, 예테

보리 등 지방 주요 도시에도 세책점이 생겨났다.[10] 상류층 독자만 상대하던 세책점은 스톡홀름에 다수 있었다.

러시아의 경우 상트페테르부르크에 먼저 세책점이 생겨나고 1790년대 이후로 모스크바에 다수 나타났다.[11] 예카테리나 여제가 프랑스 계몽주의의 영향을 받아 서적 유통 및 출판 완화 정책을 펴면서 세책 독서가 가능해졌다.

슬로바키아도 이와 비슷했다. 슬로바키아를 통치하던 오스트리아 합스부르크 제국의 황제가 1780년대에 출판 완화 정책을 펴자, 유럽에서 유행처럼 번지던 세책점이 곧바로 브라티슬라바에 생겼다. 정치 상황과 검열제도가 세책 문화 발달을 결정짓는 중요한 요인 중 하나임을 짐작할 수 있다.

영국에는 19세기에 세책점이 수백 개 있었다. 19세기 중반까지는 존 레인의 미네르바 세책점이, 19세기 후반에서 20세기 전반까지는 무디 세책점이 유명했다. 19세기에 영국 세책업은 계속 번창했다. 그러나 운영은 소수가 독점하는 경향을 띠었다. 특히 3부작 소설과 교양 있는 책만 엄선해 취급하던 무디 세책점과, 기차역에 도서대여 점포를 내고 승객들에게 대여업을 시도한 스미스와 손 세책점이 영국 세책업계를 좌지우지했다. 20세기 초까지 이 두 세책점은 영국 세책 문화를 쌍두마차처럼 이끌어나갔다. 이 세책점들이 성공하면서 영국 세책 독서 문화의 전성기를 이끌었다.[12]

하지만 유럽 국가 중 이탈리아, 오스트리아, 불가리아, 루마니아, 폴란드 지역에서는 이렇다 할 세책업자가 나타나지 않았거나 세책업이 크게 융성하지 못했다. 이탈리아와 오스트리아처럼 가톨릭이 문화

『은서The Silver book』.
라틴어로 '코덱스 아르겐테우스Codex Argenteus'라 불리는 이 책은 6세기 필사본으로, 4세기에 불필라 주교가 고트어로 번역한 성경 내용이 포함되어 있다. 현 스웨덴 웁살라대학 카롤리나 레디비바 도서관 소장. ©이민희

적 헤게모니를 쥔 국가에서는 사회 변화보다 유지에 더 관심이 많았기에 새로운 방식의 세책 독서 문화가 나타나지 못했다. 불가리아나 폴란드의 경우는 19세기에 다른 나라의 지배를 받았다. 정치적으로 혼란한 가운데 독립운동이 일어나 자국 내 정치 상황이 위급했다. 이

러한 상황에서 세책 독서가 발달하기 힘들었다.

20세기 들어 세책이 아닌 다른 방식으로도 독서할 기회와 대상이 대거 늘어나고 공공도서관에서 무료 대출과 열람이 일반화되었다. 이에 따라, 유럽 대부분 나라에서 세책 독서가 점차 사양길로 접어들었다. 분명한 사실은, 무료 대출이 가능한 공공도서관이 발달할수록 세책점의 쇠퇴도 가속화되었다는 점이다. 세책점은 근대적 의미의 공동도서관이 출현하기 이전 시기에 대중 독자를 상대로 이익을 창출하며, 도서대여 문화를 선도한 서적 유통의 심장 역할을 톡톡히 수행해 왔다.

세책점과 구독도서관의 장서는 버려지거나 공공도서관에 소장되었다. 돈을 내고 회원제로 운영되던 구독도서관은 자금 조달이 불안정했고 회원수에 따라 단명할 수밖에 없었다. 19세기 후반에는 새로운 인쇄기와 인쇄 기술이 도입되어 제작 단가를 낮추자 책 가격도 내려갔다. 설상가상으로 새로운 매체인 텔레비전이 등장해 그동안 책을 즐겨 읽던 이들의 취향마저 흔들어놓았다. 독서가 아닌 텔레비전 시청으로 여가를 대신하고, 매일 새롭고 흥미로운 이야기를 신문과 잡지를 통해 접하게 되자 굳이 돈을 내고 번거롭게 책을 빌려다 읽을 이유가 없어졌다. 독자들이 책을 빌려 읽어야 할 이유가 줄어들자, 자연스럽게 세책점과 구독도서관을 찾는 횟수도 줄어들 수밖에 없었다.

아메리카

유럽의 세책 독서 열기는 대서양 건너 미국과 캐나다 그리고 중남미와 오스트레일리아까지 영향을 미쳤다. 영국의 식민지였던 북미 지역에서는 17세기까지만 해도 자체적으로 책을 출판할 수가 없었다. 정착지 건설에 힘을 쏟던 시기에 일반인이 책을 읽는다는 것은 생각하기 어려웠다. 하지만 18세기 이후로 사정이 달라졌다. 영국을 비롯한 유럽에서 이주해온 이들 중 식자층이 늘고 이미 정착한 이주민도 점차 생활의 안정을 찾아가면서 여가 시간에 독서를 하려는 이들이 늘어났다.

18세기에 영국에서는 소설이 큰 인기를 얻었다. 미국으로 향하던 이주민 손에 소설책이 들려 있었고 기존 정착민들도 새로운 독서물을 찾았다. 이런 분위기에서 영국보다 40여 년 늦은 1762년에 미국 아나폴리스에 세책점이 등장했다. 윌리엄 린드가 운영한 이 세책점은 새로운 문화 콘텐츠를 새로운 방식으로 독자들에게 선물한 것이나 마찬가지였다. 18세기 중반 미국인들이 여가에 즐길 오락적 읽을거리를 찾을 때, 손쉽게 이들의 독서 욕구를 충족시켜준 것이 세책이었다. 일반인의 이런 욕구를 간파한 윌리엄 린드가 재빨리 책의 유료 대출 영업을 시도해 세책 독서를 실현했다. 독서에 대한 잠재적 수요가 사회적으로 컸기에 윌리엄 린드가 물꼬를 트자마자 기다렸다는 듯이 제2, 제3의 세책점이 곧바로 나타날 수 있었다.

초기에는 영국 세책 문화의 영향을 받았지만 미국에서는 유럽과는 또다른 방식으로 세책 영업이 진행됐다. 신도시에서 경제활동을 하는 시민 독자를 상대로 한 책대여에 집중했다. 회원제 구독도서관과 경쟁하며 대중 독서 기회를 늘리는 데 기여했다. 접근성이 용이하고 이용이 편리한 상업 지역에 전략적으로 세책점이 들어섰다. 신문 지면에 세책 광고를 싣는 데 열을 올렸다. 독자 반응을 고려해 인기 독서물인 소설책을 대거 구비해놓은 것은 공통된 현상이었다. 특별히 미국에서는 여성들이 세책점을 많이 운영했는데, 여성들의 계몽과 교양 쌓기에 기여한 바가 컸다.

초기 세책점들의 수명은 길지 않았다. 3~5년간 운영된 세책점조차 찾기 쉽지 않다. 영업 전략과 체계가 미흡한데다 책이 빨리 회전되지 않았기 때문이다. 고객의 취향을 고려한 맞춤형 책을 확보하고 꾸준히 단골 고객을 확보하는 것이 관건이었다. 그렇기에 세책점 주인들은 인기 있는 오락용 장르, 곧 소설책을 전략 상품으로 만들고, 여성 독자를 겨냥한 광고와 인기 있는 소설책을 갖추는 데 노력했다.

미국에서는 이동식 세책 영업도 발달했다. 미시시피강 위에 떠 있는 배에 세책점을 열고 여행자를 비롯해 지역민이 모두 이용할 수 있도록 했다. 이리 운하나 롱아일랜드섬과 허드슨강에도 세책점이 있었다. 세책 독서는 독립전쟁 이후인 18세기 후반에 확연한 증가 추세를 보였다. 19세기에 그 전성기를 구가하고 중남부와 서부 지역으로까지 확대되었다.

한편 북미에서 세책 독서가 정점을 찍고 난 19세기 이후 중남미 지역에서 세책 문화가 서서히 나타났다. 라틴아메리카로 불리는 중앙아메리카와 남아메리카, 그리고 카리브해 섬 지역은 16세기 이후 스페인과 여러 유럽 나라의 식민지 지배를 받다가 19세기 초에 독립하면서 북아메리카 국가들과는 정치적·문화적으로 다른 길을 걸었다.

오늘날 중남미 지역에는 33개국에 6억 명 이상이 살고 있다. 중남미 지역은 식민지 역사라는 공통점 때문에 인종적 혼혈, 스페인어와 포르투갈어의 사용, 가톨릭 신봉 등의 현상이 유사하게 나타난다.[13] 하지만 나라마다 문화 발전의 양상은 달랐다. 이런 '문화적 혼합'이 중남미문학의 정체성을 이해하는 근간이 된다.[14]

콜럼버스가 신대륙을 발견한 이후, 중남미 지역 대부분을 스페인이 점령했다. 스페인은 원주민의 종교를 미신 또는 무속 신앙으로 치부하고 기독교를 앞세워 원시 신앙을 말살하며 식민지를 건설했다. 가톨릭 주교였던 디에고 데 란다 신부는 마야인들의 작품을 악마의 작품으로 규정하고 그들의 책을 모두 불태워버렸다. 란다 신부는 원주민들이 책이 없어진 것을 알면 "충격을 받아 슬퍼할 것"이라며 대놓고 조롱을 일삼았다.[15] 란다 신부의 동료이자 멕시코 초대 주교인 후안 데 수마라가 신부도 아즈텍족의 책을 말살하는 데 앞장섰다.[16] 그리고 원주민을 개종시키는 데 필요한 성서를 현지에서 인쇄하고자 멕시코에 인쇄소를 설립했다. 한편으로 책을 파괴하면서 다른 한편으로 책을 만드는 모순적 행위를 저지른 것이다.

그후 오랫동안 식민지 상태였던 중남미 여러 지역에서 18세기부터 민중 소요와 식민지 해방운동이 일어났다.[17] 1816년 스페인으로부터 아르헨티나가 독립을 선언한 이후로 칠레(1817), 멕시코(1821), 중앙아메리카 연방[18](1823) 등이 차례로 독립해 독자적인 정치체제를 구축했다. 그러나 중남미 지역이 독립국으로 재편되어도 각 나라의 정치·사회·경제적 사정이 식민지 시절보다 더 나아지지는 않았다. 무

마야 코덱스.
중남미 원주민들도 나름의 독서 문화를 가졌으나 스페인 가톨릭 신부들은 그들의 책을 종교적 이유에서 대부분 불태워버렸다. 미국 의회도서관 소장. ©이민희

정부 상태에서 족장들이 통치하는 시기를 거쳐 국가 체제를 정비하던 시기에 독재 정권이 들어서면서 또다른 형태의 내부 갈등이 증폭되고 혼란이 지속되었다. 이렇게 정치적으로 복잡한 환경 속에서 경제·문화 발전은 더딜 수밖에 없었다.

나라마다 사정은 조금씩 달랐지만, 19세기 초 이런 정치적 격변기에 중남미 지역에 유럽 발發 계몽주의 사상이 영향을 미쳤다. 통치자들은 이성에 대한 자각과 함께 교육·예술·문화 진흥을 추구했다. 유럽 여행에서 경험을 쌓은 중남미 지식인들이 늘어나고, 외국 서적의 도입과 번역이 이루어졌다. 특히 프란시스코 데 미란다, 시몬 볼리바르처럼 독립운동을 이끈 지식인들이 여러 신문의 투고와 발행에 관여하면서 중남미 독립에 큰 영향을 미쳤다.[19] 식민지 상태의 열악한 현실과 관료들에 대해 비판하고 신랄한 풍자를 담은, 익명이 만든 소책자와 선전물이 다수 등장했다. 이런 읽을거리를 통해 민중은 지배계급을 조롱하고 풍자했고 지식인들은 독립을 위한 혁명 정신을 고양할 수 있었다.

소책자나 팸플릿은 신문, 잡지 등 저널리즘 형태로 점차 변모해갔다. 중남미 최초의 소설도 독립 직전에 등장했다. 멕시코시티 출신의 소설가 호세 호아킨 페르난데스 데 리사르디가 쓴 『페리키요 사르니엔토』(1816)[20]가 그 시작이었다. 스페인 식민지 시절에는 가톨릭 교리나 윤리에 부합하는 교훈적인 작품만 있었을 뿐, 세속적인 이야기는 여러 정책과 검열 제도 때문에 창작되기 어려웠다. 19세기 초에 비로소 유희와 쾌락을 담은 소설책이 나타난 것이다. 1810년에 스페인의 카디스 국회에서 인쇄출판법이 통과되면서 자유로운 출판이 가능해지자 소설이 등장할 수 있었다.

1830년 이후 중남미 여러 나라가 독립을 이루었다. 그후로 유럽의 낭만주의 사조가 들어왔는데 특히 프랑스 신문 연재물이 중남미 지식인에게 큰 영향을 미쳤다.[21] 새로운 문학적 취향과 창조적 장르라는 호평을 받으며 당시 유럽에서 유행하던 역사소설, 사회·정치소설, 풍속소설, 고딕소설이 신문 서사물로 연재됐다. 나라별로 창작 소설이 아직 독자적 위치를 점하기 전에 영국소설과 프랑스소설이 중남미 지역에 끼친 영향은 자못 컸다.

이중 역사소설은 중남미 사람들에게 민족적 자부심을 고취할 수 있는 이상적인 수단으로 인식되었다. 예컨대, 아르헨티나 작가이자 초대 대통령인 바르톨로메 미트레는 소설 『고독*Soledad*』(1847) 서문에 "소설은 정복 과정, 식민 시대 독립전쟁 등으로 분류해 다뤄야 하고, 우리 역사를 보급하고 대중화하는 데 활용해야 한다"[22]라고 주장했다. 중남미 국가들이 독립하면서 스페인이 물러나자 독립운동을 이끈 지식인들은 이 기회에 민족의식을 고취하기 위한 목적에서 역사소설을 직접 창작도 하고 보급도 해서 널리 읽히게끔 했다. 역사소설이 유행한 직접적 계기는 영국의 소설가 월터 스콧이 쓴 역사소설 때문이었다. 『웨이벌리』『아이반호』 등 스콧의 소설이 세계적으로 인기를 끌면서 중남미까지 영향을 미친 것이었다. 이런 유럽소설을 중남미에서 그나마 쉽게 접할 수 있는 통로가 도서대여나 신문 열람이 가능한 구독도서관과 세책점이었다.

브라질은 1820년대부터 세책 영업이 나타났다. 그러나 중남미 상당수 국가는 20세기 들어서야 세책 독서가 나타났고 코스타리카에는 1930년대가 되어서야 세책점이 등장했다.[23] 세책 문화와 세책 영업은 중남미 지역보다 당시 유럽 열강의 식민지였던 카리브해 섬나라에서 크게 발달했다.[24] 영연방의 일원인 바베이도스[25]는 섬 크기와 인구 규모가 작았기에 영국 문화를 일찍 받아들였다. 바베이도스 사람들은 전통문화를 지켜나가기보다 새로운 문화를 적극 수용하고자 했다. 1787년에 도시 출신 역사가이자 기자인 존 포이어가 카리브해 섬에 처음으로 세책점을 열었다. 연간 구독료 5달러만 내면 이곳에서 책을 마음껏 빌려 볼 수 있었다.[26]

카리브해 국가 중 세책 문화가 가장 발달한 나라는 자메이카였다. 자메이카에서 가장 크고 가장 번화한 도시이자 유럽과 북아메리카의 배들이 자주 드나들던 항구인 킹스턴에서 출판이 활발히 이뤄졌다. 잠재적 독서 인구가 적지 않았고 상업 교역이 활발해 유럽 문화를 제일 먼저 접할 수 있었기 때문이다. 도덕주의적인 종교 서적보다 새로운 오락용 책 읽기를 선호하는 이들이 늘면서 세책 독서가 자리를 잡은 것이다. 하지만 18세기 말, 그러한 독서 활동을 한 건 현지 원주민보다 그 나라를 다스리던 백인, 또는 유럽 이주자가 더 많았다.

에필로그

20여 년간 아주 먼 여행을 떠났다. 처음엔 호기로웠다. 그러나 여행을 마치려는 이 순간, 그것은 여행이 아니라 꿈이었음을 실토하지 않을 수 없다. 학도락學道樂이란 이름의 꿈을 지독히 꾸었다. 멀리멀리 떠났던 만큼 돌아오는 여정 또한 만만치 않았다.

국문학도 시절, 18세기 후반에 서울에서 한글소설을 사대부 집안 여성들이 경쟁적으로 빌려 읽었다는 사실을 처음 접하고 퍽 신기했다. 소설책을, 그것도 교양 있는 사대부 집안 여성들이 즐겨 읽었다니 통념의 반전이 아닐 수 없었다. 그런데 박사 학위를 받은 후 정해진 학문의 길에서 벗어날 자유를 조금 얻게 된 시절에 폴란드 도서관에서 그런 독서 풍경이 국내 문학사에서만 확인되는 현상이 아니라는 사실을 알고 호기심이 발동했다.

이웃나라 일본의 세책 독서와 문화, 그 발전 과정을 다룬 서적을 살펴보았더니, 우리나라와 매우 닮아 있었다. 알지 못했던 또다른 별

천지와 조우한 듯 감격했다. 시야를 넓혀 중국을 살펴보았다. 내친김에 유럽의 여러 나라를 일일이 살펴보는 배짱도 생겼다. 미국과 캐나다, 중남미, 그리고 아프리카까지 시선을 확장했다. 어디에 발을 딛고 서 있는지조차 망각해버린 시간이 늘어만 갔다. 미지의 세상과 만날수록 나라별 세책 독서의 발달 시기와 이유, 소설 독서와의 관계가 대단히 유사하단 사실에 놀라움을 금치 못했다. 세계 여러 나라의 사례를 비교하면서 자연스럽게 세책 독서 문화를, 더 나아가 세계 소설 발달사를 재구성할 수 있을 것이라고 만용을 부리게 되었다.

현재 국내에서는 18~19세기 세책 독서에 관한 기록이 수편에 불과하다. 뿐만 아니라 소략해 세책 독서 문화를 자세하고도 종합적으로 이해하기 어렵다. 그렇기에 다른 나라의 세책 사례와 비교하면 이를 보완할 수 있다고 생각했다. 유사성을 토대로 국내 세책 문화의 틈새를 메꾸는 일이 가능하다고 보았다. 시대에 따라, 국가마다 처한 역사적·정치적·경제적 사정과 조건에 따라 구체적 양상은 다르게 나타났다. 그래서 일반화하기에 조심스러운 면이 있다. 하지만 세책 독서가 발달하고 세책 문화가 이어질 수밖에 없었던 이유와 독서 욕구, 여성 독자층의 출현, 영업 방식 등 세책 독서 문화 체제를 거시적으로 보는 시각만큼은 과감하고 직관적이어도 좋다고 여겼다. 세계 세책 독서 문화사가 동서양이 특별히 영향을 주고받지 않고 보편적으로 발전해온 역사임을 확인한 것이 큰 수확이다. 세계 문화사, 세계 문학사를 바라보는 또하나의 관점을, 아직은 미흡하지만 가지게 되었다고 생각한다.

출발은 바르샤바대학 도서관에서 우연히 접한 영어 원서에서부터였다. 2002년 한일 월드컵이 한창이던 6월, 바르샤바대학 도서관에서 러시아 서적행상과 세책 독서에 관해 다룬 게리 마커Gary Marker의 『출판, 인쇄 및 러시아 지적 생활의 기원*Publishing, Printing, and the Origins of Intellectual Life in Russia*』(프린스턴대학 출판부, 1985)을 읽고 큰 충격에 휩싸였다. 이렇듯 재미있는 새로운 학문 세계가 있다는 사실을 깨닫고는 신이 나 며칠간 밤잠을 설쳤다. 그후로 설렘은 호기심으로 바뀌었고 자료와의 전쟁을 시작했다. 국내뿐 아니라 유럽에서 이루어진 서적 유통과 서적행상, 세책점, 그리고 독서 문화에 조금씩 눈을 떴다. 2005년까지 약 4년 동안 유럽 대부분 나라를 다니며 기초 자료를 모았다.

2005년 국내 대학으로 돌아온 이후 국내에서도 세책 소설 연구가 한창 이루어지고 있음에 흥분을 감추지 못했다. 국내 대학 도서관을 뒤지며 세책 소설 자료를 모으고, 선행 연구자들의 도움을 많이 받았다. 그러나 국내 연구 성과만으로는 성이 차지 않았다. 일본과 중국은 어떠한지 알고자 하는 호기심이 크게 발동해 직접 두 나라를 찾아갔다. 2007년에 일본 동경대학 도서관, 세책 소설이 소장되어 있는 동양문고, 일본 고서점을 찾아 도쿄의 진보쵸 거리와 교토의 데라마치 거리 일대에 있던 고서점을 샅샅이 뒤져 메이지시대에 유통되던 세책본 소설책을 다수 구입했다. 중국은 북경의 유리창 거리, 중국 출판과 유통의 메카였던 상해, 항주, 소주 등 절강성 일대를 다녔다. 그러나 당시 중국에서는 세책 관련 자료를 별반 구하지 못했다. 일본의 사례는 풍성한 반면, 중국의 사례는 초라했다. 그 이유가 너무나 궁금했다.

궁금증은 후속 과제로 놔두고 그동안 연구해온 결과를 『16~19세기 서적중개상과 소설·서적 유통 관계 연구』(역락, 2007)와 『조선의 베스트셀러: 조선 후기 세책업의 발달과 소설의 유행』(프로네시스,

2007) 그리고 『조선을 훔친 위험한 책들』(글항아리, 2008)이란 저서에 담아냈다.

그러나 국어교육과에 재직하면서 고전문학 교육 쪽으로 연구를 계속하다보니 몸 따로 마음 따로인 상태가 지속되었다. 세계 세책 소설에 대한 관심도 자연스럽게 점점 사그라들었다. 그러다 세계 세책 문화사를 그려보겠다는 욕망이 다시 꿈틀거린 것은 첫번째 연구년을 준비하면서부터였다. 2015년에 오스트리아 빈대학에서 1년간 연구년을 보낼 기회가 주어지자, 폴란드에서 공부할 때 가졌던 열정과 관심이 되살아났다. 연구 주제를 세계 세책 독서 문화로 잡고, 빈을 거점 삼아 유럽 여러 나라를 다니며 다시 자료를 모았다. 세책점이 존재했다는 도시를 찾아가서 대학 도서관과 고서점을 뒤지고, 세책점 자리였다는 주소지를 찾아가 세책점의 위치와 입지 조건을 일일이 상상하며 과거로의 시간 여행을 무한히 떠났다.

슬로바키아의 수도 브라티슬라바만 해도 세책업이 성한 멋진 곳이었다. 유럽에서 가장 먼저 세책점이 등장한 스코틀랜드 에든버러 알렌 램지의 집을 방문했다. 아일랜드 더블린과 북아일랜드 벨파스트에서도 세책점의 흔적을 다수 발견했다. 온천 휴양지이자 세책점이 다수 들어섰던 잉글랜드 배스에서는 과거 유명 세책점이었음을 알려주는 표지가 지금도 창문에 그대로 남아 있다. 현재는 식당으로 바뀐 과거 세책점에서 그곳 직원과 세책점의 역사에 관해 떠들던 일이 아직도 새록새록 기억난다. 스웨덴 스톡홀름 시립도서관에서 스웨덴 세책 독서의 역사를 다룬 책을 우연히 발견했을 때의 흥분도 지금까지 생생하다. 웁살라대학 도서관에서 장서를 하나하나 뒤져 관련 자료를 찾았으나, 열차 시간에 쫓겨 포기할까 망설이다 간신히 스캔해 가져왔을 때의 긴장감도 여전하다.

미국은 세책 독서와 관련해 많은 자료를 남긴 곳이다. 18세기 중반부터 동부 주요 도시를 중심으로 세책점이 들어섰다. 보스턴, 뉴욕, 필라델피아, 워싱턴 DC, 볼티모어, 아나폴리스 등지를 유목인처럼 찾아다니기도 했다. 옛 기록에 남아 있는 세책점 주소를 찾아 그 현장에 가보면 높은 빌딩이 들어서고 거리 자체가 사라진 경우가 많았다. 하지만 그곳에서 한참을 상상으로나마 세책점을 그려본 것이 몇 번이었던가. 여전히 옛 모습을 그대로 간직한 건물도 있었다. 옛 수도였던 필라델피아에서 구독도서관을 처음 운영했던 프랭클린의 서재와 초기 세책점 건물을 직접 들어가보았을 때의 감동도 잊을 수 없다.

발트 3국(리투아니아, 라트비아, 에스토니아), 크로아티아, 슬로베니아, 불가리아, 스페인, 스위스에도 가보았으나, 그곳에서 세책 관련 자료를 찾기란 어려웠다. 시간 투자 대비 소득이 없었던 나라도 적지 않다. 나라마다 서점과 도서관, 책의 출판과 유통, 서적행상 등 책의 흔적을 살필 수 있는 자료에 편차가 있고, 내가 미처 발견하지 못한 것도 많았으리라. 나라마다 다양한 자료를 모았으나, 이 책에서는 세책 독서의 풍경을 보여주는 데 방점을 두고 해당 자료가 비교적 풍부한 나라를 택해 소개하고자 했다.

세계 여러 나라를 다니며 자료를 찾고, 기회가 될 때마다 관련 논문을 발표했다. 러시아 모스크바, 오스트리아 빈, 리투아니아 빌뉴스, 슬로베니아 류블랴나에서 세책 문화 관련 논문을 외국인 학자들 앞에서 발표했다. 대부분 자국의 사례를 처음 알게 되었다는 반응이었다.

그리고 한국을 중심으로 세계 세책 문화를 비교한 논문 7편을 학술지에 게재했다.

그러나 화폭에 담을 수 있는 풍경은 제한적이었다. 미처 담지 못한 이야기는 어쩌면 훗날 다른 형태로 빛을 볼 수 있지 않을까 싶다. 책의 유통과 독서 문화의 발달 과정은 지역에 따라, 사회문화적 여건에 따라 선후 관계가 다를 순 있지만, 책을 접한 방식은 '행상'에서 '세책점'을 거쳐 '서점'과 '공공도서관'을 매개로 한 지식 습득과 책의 유통이 일반적이었다. 이 책에서는 세책에 의한 책의 유통과 독서 풍경에 국한해 일부만 다루었다.

세계 독서사에서 세책 문화의 형성과 발달은 소수의 상층 남성만 세책 독서를 문화 활동으로 즐긴 게 아니라 여성과 중하층 일반인까지도 사회의 일원으로서 서로 공감할 수 있는 의사소통의 수단을 공유했다는 점에서 혁신적이었다. 하늘에 수많은 별이 수놓아져 있듯이, 세계 세책 독서 문화사를 펼쳤더니 그 안에 수많은 세책 독서 사례가 제각각 빛을 발하고 있었다. 책을 빌려 읽고자 한 인류의 욕망은 경계와 우열을 뛰어넘어 각자의 생활 터전에서 그렇게 당당히 등가의 무게로 역사의 한 페이지를 써내려갔음을 비로소 헤아릴 수 있었다. 세책 독서 문화를 통해 세계적 보편성과 지역적 특수성의 의미를 도출해내고자 했던 20년 여정을 일단락한다. 아쉬움이 끝없이 밀려올 뿐이다. 부끄러움은 오로지 내 몫이다. 저멀리 밤하늘에 보이는 별 하나쯤 18세기 지구의 세책점을 지켜본 증인이었길 꿈꿔본다.

미주

세책 독서 문화

1 Edward Jacobs, "Circulating libraries", Davis Scott Kastan(ed.), *The Oxford Encyclopedia of British Literature*, Vol.1., Oxford University Press, 2006.

2 E. W. Koons, "The house where books are given out for rent", *Korea Mission Field*, 1918.07., p.150. 세책점이 서울에만 있었다는 사실은 외국인의 글을 통해 확인 가능하다. 모리스 쿠랑, 오카쿠라 요시사부로, 쿤스 등의 기록이 그렇다. 서양인의 기록을 종합하면, 1910년대에 서울에만 약 36개의 세책점이 있었다.

3 이민희, 「18~19세기 미국의 세책貰冊 문화 연구—한국 세책 문화와의 비교 및 검토 가능성에 관한 고찰」, 『연민학지』 26, 연민학회, 2016, 307~348쪽.

4 독립전쟁 직후인 18세기 후반에 처음으로 세책점이 등장한 주요 미국 도시들은 볼티모어(1784), 프로비던스(1789), 알렉산드리아(1792), 조지타운(1792), 뉴런던(1793), 뉴베리포트(1794), 세일럼(1794), 노르비치(1796), 뉴포트(1798), 메사추세츠와 랭카스터(1800) 등이 있었다. 1790년~1794년에 9개의 세책점이 새로 설립되었고, 1795~1799년 사이에 최소 27개의 세책점이 신설되었다. 북쪽, 남쪽, 그리고 서쪽으로 퍼져나간 세책점은 1796년에는 뉴햄프셔 지역, 1798년에는 조지아, 그리고 1798년에는 트란스-알레그헤니 서

쪽 지역에도 등장했다. 세책업이 가장 성했던 19세기 전반기에는 동부가 아닌 중서부 지역 오하이오, 인디애나, 켄터키, 미주리, 루이지애나에도 도시와 함께 세책점이 등장했다. 1850년에는 콜로라도에도 세책점이 나타났다. 이렇듯 미 서부가 개척되고 새 도시가 세워진 후 등장한 세책점의 수는 독립전쟁 이전에 설립된 세책점 수보다 몇 배로 많았다.(David Kaser, 위의 책, p.49.)

5 "서적은 결코 상인만이 가지고 있는 것은 아니다. '세책가'도 상당히 있어, 그곳에는 대중의 서적, 즉 인본과 사본의 대개는 한글로 쓰인, 이야기책, 노래책이 구비되어 있는 바, 이 집 책은 서점의 매품(賣品)보다도 정성스럽게 되어 있어 종이도 상질(上質)로 인쇄되어 있는 일이 많다. 책세(冊貰)는 여간 헐치 않아 하루 한 권에 일문(一文)의 십분지일이(十分之一二) 정도이지만 현금 또는 물품을, 예를 들면 돈으로 삼사 냥, 물품으로 화로 혹은 냄비 등을 보증품으로 요구하는 일도 적지 않다. 전에는 꽤 많았던 이러한 영업도 그 수효가 퍽 줄어들었다고 조선 사람들이 나에게 말하고 있었거니와, 더욱이 시골에는 송도, 대구, 평양과 같은 큰 도읍에도 그러한 세책가가 있다는 이야기를 들어본 일이 없다."(모리스 쿠랑, 박상규 역, 『한국의 서지와 문화』, 신구문화사, 1974.)
"이러한 책을 빌리려는 사람은 아무 것이나 어느 정도 값어치가 있는 물건(냄비, 솥 등도 가可하다)을 세책가에 가져가서 자신이 보고 싶은 책을 빌려온다. 그 책을 빌리는 요금은 한 권당 이삼 일의 기한으로 2~3리 정도이다. 세책가에서 빌려주는 책은 시정에서 파는 것처럼 조악하지 않고 폭이 넓고 세로로 긴 종이에 선명하게 붓으로 씌어 있으며, 열독하기도 대단히 편하다."(오카쿠라 요시사부로, 「조선의 문학朝鮮の文學」, 『철학잡지哲學雜誌』(제8권 74호), 1893.4.5., 85쪽.) 등.

6 19세기 영국의 대형 세책점인 무디 세책점은 고객들이 믿고 빌려 읽을 수 있는 책을 엄선해놓고 자신 있게 독서를 권한 것으로 유명하다. 고객에게 믿음을 심어주자 무디 세책점은 100여 년 역사 동안 영국 독자들의 의식을 좌우했다고 할 정도로 그 영향이 컸다.

7 井上進, 『中國出版文化史: 書物世界と知の風景』 名古屋: 名古屋大學出版會, 2002, 234~236쪽.

8 David Kaser, A Book for a Sixpence: The Circulating Library in America, Pittsburgh: Beta Phi Mu, 1980, p.71.

9 Gary Marker, "The Russian Book Trade", *Publishing, Printing, and the Origins of Intellectual Life in Russia*, Princeton: Princeton Univ. Press, 1985, pp.171~172.

10 슬로바키아의 브라티슬라바에서 나타난 세책점과 세책 문화 전반에 관해서는 이민희, 「18세기 후반 서적유통 및 세책 문화 비교 연구—한국과 슬로바키아의 사례를 중심으로」, 『열상고전연구』 49, 열상고전연구회, 2016에서 다룬 것을 참고할 것. 여기서 출판 및 유통, 독서 관련 국가의 통제 및 검열 정책이 세책 문화 발달에 방해 요인으로 작용했음을 다루었다.

11 David Kaser, 앞의 책, p.117.

12 David Kaser, 위의 책, p.119.

13 *The Detroit Free Press*, 1877.06.10. "A young woman of fine education, who gratified a vitiated taste for novel reading till her reason was overthrown, and she has, in consequence, been for several years an inmate of an inmate of an insane asylum."

14 David Kaser, 앞의 책, p.58.

15 David Kaser, 위의 책, p.69.

16 David Kaser, 위의 책, p.21. "Increasing leisure among certain classes in the city, as well as among the ladies, and a desire to fill it with light and entertaining reading, paved the way for the establishment of circulating libraries.

17 *La Esfera*, Madrid, 1926년 8월 14일자, 제13면. 필자 번역.

18 Terry Pinkard, *Hegel: A Biography*, Cambridge: Cambridge University Press, 2000, p.242.

소설의 탄생, 그 달콤한 독서

1 여기서 '소설'이라 함은 특정한 경우를 제외하고 대개 자국어 소설을 지칭한다.

2 서대석, 『군담소설의 구조와 배경』, 이화여자대학교출판부, 1985, 69~120쪽.

3 Trollope, *An Autobiography*, Oxford: Oxford University Press, 1999, pp.139~141.

4 Toschi, "Alle origini della narrativa di romanzo in Italia", p.16.; 도널드 서순, 오숙은·이은진·정영목·한경희 옮김, 『유럽 문화사 1: 서막 1800~1830』, 뿌리와이파리, 2012, 228쪽.

5 Thomas Augst, "Introduction", ed. by Thomas August & Kenneth Carpenter,

Institutions of Reading: The Social Life of Libraries in the United States, Amherst and Boston: University of Massachusetts Press, 2007, pp.9~11.

| 한국 | 세책 독서 문화 강국

1 채제공, 「여사서서女四書序」, 『번암집樊巖集』.

2 『영조실록』 영조28년 4월 19일 경술庚戌 조. "박섬이 공초하기를, "신은 이인석과 함께 책방을 내고 있는데, 이양제가 아이들을 데리고 『사략史略』 초권初卷을 가르친다고 간 뒤에 다시 와서 『대명률大明律』을 사 가지고 갔습니다" 하였다(暹供, 臣與李寅錫, 同設冊肆, 李亮濟率兒輩, 敎『史略』初卷, 而去後又來, 買『大明律』而去矣.)".

3 조희룡, 「조신선전曹神仙傳」, 『호산외기壺山外記』: 『여항문학총서閭巷文學叢書』 9, 여강출판사, 1991, 60쪽. "曹神仙, 不知何許人也. 常往來洛下, 以鬻書自業.… 問其年, 輒曰, '六十'. 有七十歲人自言, "兒時見曹, 亦云 '六十'". 以是推之, 可百三四十歲, 而顔貌如四十而未及也. 以此, 人稱神仙, 無疾而逝, 無他異. 余亦見之于朴道亮書肆.… 鬻書自娛, 可補文字仙一則."

4 조정위趙正緯, 「행장行狀」, 『졸수재집拙修齋集』 권12, 부록.

5 조태억, 「언서서주연의발諺書西周演義跋」, 『겸재집謙齋集』 권42; 『한국문집총간』 190, 민족문화추진회, 1997. "我慈闈旣諺寫『西周演義』十數編. 而其書闕一策, 秩未克完, 慈闈常嫌之. 久而得全本於好古家, 續書補亡, 完了其秩. 未幾, 有巷閭女從慈闈乞窺其書. 慈闈卽擧其秩而許之. 俄而女又踵門而謝曰 '借書謹還, 但於途道上逸一策. 求之不得. 死罪死罪.' 慈闈姑容之, 問其所逸, 卽向者續書而補亡者也. 秩之完了者, 今復不完, 慈闈意甚惜之."

6 채제공, 앞의 책.

7 정약용, 「문체책文體策」, 『여유당전서與猶堂全書』 제1집 문文 권8.

8 정병욱, 「조선 말기 소설의 유형적 특징」, 『문화비평』 1, 1969.; 『한국고전의 재인식』, 홍성사, 1979, 163~202쪽.

9 이상택, 「조선조 대하소설의 작자층에 대한 연구」, 『고소설의 저작과 전파』, 한국고소설연구회, 아세아문화사, 1994.; 장효현, 「장편 가문소설의 성립과 존재양태」, 『고소설의 저작과 전파』, 한국고소설연구회, 아세아문화사, 1994 등.

10 일부 연구자들은 '언번전기諺飜傳奇'란 용어를 '한글로 기록된 소설', 즉 국문

소설 일반을 가리키는 말로 보았다. 현재는 이를 언문으로 번역된 중국소설로 보는 경향이 강하다.

11 육당학인六堂學人, 〈조선朝鮮의 가정문학家庭文學〉(팔八), 「각종소설류各種小說類」, 매일신보每日新報, 1938.07.30. 인용문은 인용자가 현대어로 바꿔놓은 것이다.

12 정명기, 「세책본소설의 유통양상—동양문고 소장 세책본소설에 나타난 세책 장부를 중심으로」, 『고소설연구』 16, 한국고소설학회, 2003, 3~100쪽. 전상욱, 「세책 대출장부 연구: 세책 대출장부의 유형과 실상」, 『열상고전연구』 27, 열상고전연구회, 2008.; 「향목동 세책의 대출장부에 대한 고찰」, 『열상고전연구』 37, 열상고전연구회, 2013, 535~563쪽.; 「금호·동호 세책 대출장부의 실상과 특성에 대한 연구」, 『열상고전연구』 48, 열상고전연구회, 2015, 413~439쪽 등.

13 大谷森繁, 「조선후기朝鮮後期의 세책貰冊 재론再論」, 이윤석·大谷森繁·정명기 편, 『세책貰冊 고소설古小說 연구硏究』, 혜안, 2003, 30쪽.

14 박종화, 〈책세집〉, 「월탄회고록月灘回顧錄」, 한국일보, 1972년 3월 25일자.

15 Homer B. Hulbert, *The Passing of Korea*, New York: Double Day Page and Company, 1906, p.311.; (Reprinted with a forward) Seoul: Yonsei University Press, 1969. 번역은 필자가 한 것이다. 필자가 헐버트의 한국 고전소설론에 관해 논한 논문을 참고할 것.(이민희, 「20세기 초 외국인 기록물을 통해 본 고소설 이해 및 향유의 실제—*The Korea Review* 수록 'Korean Fiction'을 중심으로」, 『인문논총』 68, 서울대 인문학연구원, 2012, 121~158쪽.)

16 Angus Hamilton, *Korea*, New York: C. Scribner's sons, 1904, pp.109~110.

17 E. W. Koons, "The House where Books are given out for Rent", *Korea Mission Field*, July 1918. p.150.

| 일본 | 서적행상과 세책업자가 꽃피운 세책 문화

1 일본에서 貸本屋에 대한 체계적 연구가 시작된 것은 廣庭基介의 「江戶時代貸本屋略史」(1, 2)에서부터다. 廣庭基介, 「江戶時代貸本屋略史」(1, 2), 『圖書館界』 1月号·3月号, 日本圖書館硏究會, 1967.

2 坪谷水哉, 「公開圖書館以前の貸本屋」, 『圖書館雜誌』 138, 1931.5., 146쪽.; 「圖書

館の前身·貸本屋』,『圖書館雜誌』246호, 1940.5.

3 廣庭基介,「江戶時代貸本屋略史(1, 2)」,『圖書館界』18卷5·6号, 日本圖書館研究會, 1967.

4 長友千代治,『近世貸本屋の研究』, 東京: 東京堂出版, 1982, 79쪽.

5 長友千代治, 위의 책, 20쪽.

6 淸水文吉,『本は流れる—出版流通機構の成立史』,日本エディタ—スク—ル出版部, 1991, 13쪽.

7 長友千代治, 앞의 책, 21쪽.

8 스즈키 도시유키, 노경희 옮김,『에도의 독서열』, 소명출판, 2020, 41~42쪽.

9 다카미야 서점에 관해서는 스즈키 도시유키, 위의 책, 79~150쪽에서 '지방의 서점'이라는 제목 아래 자세히 다룬 것을 참고했다.

10 '나이기內儀'는 보통 신분이 높은 사람의 아내를 의미하나, 특별히 에도시대 말기 상인의 아내를 일컫기도 한다.

11 淸水文吉, 앞의 책, 16~17쪽.

12 마에다 아이, 유은경·이원희 옮김,『일본 근대 독자의 성립』, 이룸, 2003, 88~94쪽.; 坪內逍遙,「貸本屋大惣」,『逍遙選集』12, 春陽堂, 昭和2年(1927).

13 長友千代治,『江戶時代の圖書流通』, 京都: 思文閣, 2002, 117~118쪽.

14 山本笑月,『明治世相百話』; 마에다 아이, 앞의 책, 88~90쪽.

15 마에다 아이, 위의 책, 86쪽.

| 중국 | 문명국의 자존심, 간신히 꽃핀 세책 문화

1 권석환,『중국의 강남 예술가와 그 패트론들』, 이담북스, 2009.
大木康,『明末江南の出版文化』, 東京: 研文出版, 2004.; 오오키 야스시, 노경희 옮김,『명말 강남의 출판문화』, 소명출판, 2007.; 문성재,「명말明末 희곡의 출판과 유통」,『중국문학中國文學』41, 한국중국어문학회, 2004, 147~164쪽.; 葉德輝 撰, 紫石 點校,『書林淸話外二種』, 北京燕山出版社, 1999.; 吳建國,『雅俗之間的徘徊—16至18世紀文化思潮與通俗文學創作』, 岳麓書社, 1999.; 李瑞良,『中國古代圖書流通史』, 上海人民出版社, 2000.; 장미경,「명청대 강남지역의 출판문화—출판의 주체를 중심으로」,『중국문학연구中國文學研究』35, 한국중문학회, 2007, 103~129쪽.; 張紹勳,『中國印刷史話』, 北京: 商務印書館, 1997.;

張秀民,『中國印刷史』, 上海: 上海人民出版社, 1989.; 錢存訓,『中國古代書籍紙墨及印刷術』(改訂版), 北京圖書館出版社, 2002.; 홍상훈,「전통시기 강남지역에서 독서시장의 형성과 변천—소설 작품의 생산과 유통을 중심으로」,『중국문학』41, 한국중국어문학회, 2004 등.

2 大谷森繁,「조선후기朝鮮後期의 세책貰冊 재론再論」, 이윤석 · 大谷森繁 · 정명기 편저,『세책貰冊 고소설古小說 연구硏究』, 혜안, 2003, 34쪽.

3 서선書船에 관해서는 井上進,『中國出版文化史: 書物世界と知の風景』, 名古屋: 名古屋大學出版會, 2002. 234~236쪽에 자세히 소개되어 있다.

4 井上進, 위의 책, 236쪽.

5 大木康, 앞의 책, 91~92쪽. "宋槧本を持ってやってくるものがあれば, 門内の主人はペーヅ數によって金を払う. 每ページごとに二百を出す. 旧鈔本を持ってやってくるものがあれば, 每ページごとに四十を出す. 時下の善本を持ってやってくるものがあれば, よその家で一千を出すなら, 主人は 一千二百を出す"

6 중국에서 출판인이면서 서적상으로 활동했던 유명한 장서가 중에는 소주 출신의 황비열黃丕烈이 있었다. 그는 젊은 시절부터 북경의 유리창을 돌아다니며 서책을 수집했다. 그러면서 소주의 서점을 자주 왕래하던 고증학자 및 장서가들과도 친밀한 관계를 유지했다. 유리창을 여러 차례 찾았던 조선의 실학자 홍대용도 황비열과 친분을 쌓고 많은 책을 구입해 조선에 들여왔다. 황비열은 북학파 실학자 박제가와도 가깝게 지냈다. 박제가와 함께 중국과 조선에서 구할 수 있는 희귀본과 판본 문제에 대해 토론하기도 했다. 그런가 하면『사고전서四庫全書』의 편집 총책임자였던 기윤이나 옹방강 같은 인물들도 연행사로 중국에 온 조선 학자들과 친밀한 관계를 유지하면서 총서와 백과사전 등을 구해 돌아가는 것을 도와주었다. 유리창 시장 근처에 살았던 청나라 학자 손성연도 조선의 박제가와 김정희를 만나 교유하는 가운데 중국 서적에 관한 흥미로운 정보를 많이 나누었다. (이민희,『16~19세기 서적중개상과 소설 서적 유통관계 연구』, 역락, 2007, 183~185쪽)

7 陳大康,『通俗小說的歷史軌迹』, 湖南出版社, 1993, 68쪽.

8 최용철,「중국의 역대 금서소설 연구」,『중국어문논총』13, 중국어문연구회, 1997, 203쪽.

9 錢大昕,「雜著一·正俗」,『潛硏堂文集』卷17, 上海古籍出版社, 2009, 282쪽. "古有儒釋道三教, 自明以來又多一教曰小說. 小說演義之書, 未嘗自以爲教也, 而士大夫農

工商賈無不習聞之, 以至兒童婦女不識字者, 亦皆聞而如見之, 是其教較之儒釋道而更廣也."

10 다수의 청중을 대상으로 책을 읽어주고 노래나 연주까지 곁들이던 전문적 이야기꾼의 이야기를 말한다. 국내의 전기수와 유사한 이들로 중국에서는 설서를 위한 대규모 공연장이 대도시를 중심으로 따로 마련되어 있을 정도로 많은 인기를 누렸다.

11 金文京, 「小說」, 『中國文學を學ぶ人ために』, 東京: 世界思想史, 1991.

12 李家瑞, 『淸代北京饅頭鋪租賃唱本的槪況』, 中華書局, 1957. "本齋出賃四大奇書古詞野史. 一日一換如半月不到, 押賬變價爲本. 親友莫怪. 撕書者, 男盜女娼. 本鋪在交道口南邊路東便是."

13 王利器 輯錄, 『元明淸三代禁毁小說戲曲史料』, 上海古籍出版社, 1981, 24쪽. "臣見一二書肆刊單出賃小說, 上列一百五十餘種, 多不經之語, 誨淫之書, 販賣于一二小店如此, 其餘尙不知幾何."

14 강종임, 「세책貰冊과 세서稅書: 전통시기 한국과 중국의 소설 대여와 독자」, 『중국어문학』 68, 영남중국어문학회, 2015, 101쪽.

15 로버트 헤겔, 조관희 감역, 홍상훈 옮김, 「명·청 시기 소설의 틈새시장」, 『중국소설연구회보中國小說硏究會報』 74, 한국중국소설연구회, 2008, 2~4쪽.

16 大谷森繁, 앞의 글, 35쪽.

17 이민희, 앞의 책, 186~187쪽.

18 강종임, 앞의 글, 101~102쪽. 강종임은 연구를 통해 중국에서 실제로 세책업이 발달했고 다양한 형태의 영업이 있었음을 주장할 의도였으나, 그 결과는 중국에서 세책 문화가 발달할 수 없었던 이유를 제시한 것이나 마찬가지다.

| 잉글랜드와 스코틀랜드 | 유럽 세책 문화의 진원지

1 (Ed. by) Henri-jean Martin·Roger Chartier, *Historire de l'édition française*, Paris: Promodis, 1982, p.148, p.553, p.668.

2 앨런 램지는 한때 생계유지를 위해 가발 제조 일도 했지만, 스코틀랜드 민족혼을 일깨운 시인이자 희곡 작가, 화가로서 스코틀랜드 문학사에서 높게 평가받는다. Christopher MacLachlan, "Scots Poetry before Burns", ed. by Stephen W. Brown & Warren McDougall, *The Edinburgh History of the Book in*

Scotland, vol.2, Edinburgh University Press, 2012, pp.562~566.

3 K.A. Manley, "Subscription and circulating libraries", ed. by Stephen W. Brown & Warren McDougall, *Edinburgh History of the Book in Scotland*, vol.2, Edinburgh University Press, 2012, p.337. 램지의 후원자였던 존 클럭에게 보낸 청구서에 보면 "1726년에 연간 독서를 위해(to annual reading for 1726 10(s.)"라고 적었고, 이런 유사한 청구서가 여러 해 계속 기록되었음을 확인할 수 있다.

4 (Ed. by) James Raven·Helen Small·Naomi Tadmor, *The Practice and Representation of Reading in England*, Cambridge University Press, 1996, p.175.

5 라인하르트 비트만, 「18세기 말에 독서혁명은 일어났는가」, 로제 샤르티에, 굴리엘모 카발로 엮음, 이종삼 옮김, 『읽는다는 것의 역사』, 한국출판마케팅연구소, 2006, 499쪽.

6 Allan, David, "Circulation", Peter Garside and Karen O'Brien(ed.), *English and British Fiction 1750~1820*, vol.2, Oxford: Oxford Univ. Press, 2015, p.64.

7 Lee Erickson, "The Economy of Novel Reading: Jane Austen and the Circulating Library", *Studies in English Literature*, 1500~1900, Vol.30, No.4, Houston: Rice University Press, 1990, p.578.

8 Edward Jacobs, "Circulating Libraries", In Davis Scott Kastan(ed.), *The Oxford Encyclopedia of British Literature*, vol.2., Oxford: Oxford Univ. Press, 2006, p.5.

9 Lee Erickson, 앞의 글, p.576.

10 Guinevere L. Griest, *Mudie's Circulating Library: The Victorian Novel*, Indiana University Press, 1970, pp.1~57. 이하 무디의 생애와 그의 세책점에 관한 정보는 주로 이 자료를 참고했다.

11 Edward Jacobs, 앞의 글, p.8.

12 Lee Erickson, 앞의 글, p.574.

| 아일랜드 | 종교, 지역에 따른 다양한 세책 독서

1 C. Benson, "Printers and Booksellers in Dublin 1800~1850", ed. by Robin Myers & Michael Harris, *Spreading the Word: Distribution Networks of Print*

1550～1850, Winchester: Oak Knoll Press, 1998, pp.45～59.

2 Manley, K.A., *Irish Reading Societies and Circulating Libraries founded before 1825: Useful Knowledge and Agreeable Entertainment*, Dublin: Four Courts Press, 2018, p.220.

3 Manley, K.A., 위의 책, p.65.

4 *Finn's Leinster Journal*, 9 July, 1788. "Catharine Finn respectfully informs the Public that, in Compliance with the repeated Solicitations of many Ladies and Gentlemen, as well as her own Wish to contribute every Thing in her Power to the public Convenience, she will open a Circulating Library on Monday the 21st Instant; on which Day Catalogues (with the Terms of subscribing) will be ready for Delivery."

5 *Cork Gazette*, 8 February, 1774.

6 Manley, K.A., 앞의 책, p.72.

7 골웨이에서 조지 코널리라는 세책업자가 발행한 카탈로그(아마도 1799년 제작)에 취급 도서가 적혀 있어 그러한 사실을 확인할 수 있다.

8 Manley, K.A., 앞의 책, pp.68～69.

| 독일 | 인쇄·출판의 요람에서 세책 독서의 메카까지

1 텍스투라체는 독일어가 통용되는 지역에서 공식적인 출판용 글꼴로 사용되었는데, 구텐베르크가 첫번째 활자를 디자인할 때 이를 기초로 삼았다. 『42행 성서』가 텍스투라체를 기반으로 한 첫번째 인쇄물이다.

2 데틀레프 블룸, 정일주 옮김, 『책의 문화사』, 생각비행, 2015, 98～100쪽.

3 데틀레프 블룸, 위의 책, 136～137쪽.

4 Albert Ward, *Book Production, Fiction, and the German Reading Public, 1740～1800*, Oxford: Clarendon Press, 1974, pp.107～111.

5 육영수, 『책과 독서의 문화사』, 책세상, 2010, 49쪽, 미주 10번.

6 데틀레프 블룸, 앞의 책, 131쪽.

7 도널드 서순, 오숙은·이은진·정영목·한경희 옮김, 『유럽 문화사 1: 서막 1800～1830』, 뿌리와이파리, 2012, 155쪽.

8 베르너 풀트, 송소민 옮김, 『금서의 역사』, 시공사, 2013, 93쪽.

| 프랑스 | 출판 및 독서 문화의 강자

1 1455년경 구텐베르크가 마인츠에서 『42행 성경』을 처음 인쇄, 출간한 이후 인쇄술은 유럽 여러 도시로 퍼져나가 비약적으로 발전했다. 독일 인쇄공의 도움을 받아 1465년에 처음으로 이탈리아에서 인쇄소가 설립되었고, 얼마 후 프랑스(1470), 스페인(1472), 영국(1475), 네덜란드(1475) 등 유럽 여러 나라에서 동시다발적으로 인쇄소가 등장했다. 1553년에는 대서양 건너 멕시코시티에서, 1638년에는 보스턴에서 인쇄기가 처음 사용되었다. (육영수, 『책과 독서의 문화사』, 책세상, 2010, 24쪽)

2 D. Crawford, *Journals of Sir john Lauder*, Edinburgh: Scottish Historical Society, 1900, pp.157~158. "payed 18 souse for the loan of Romances from Mr Courtois"

3 육영수, 앞의 책, 49쪽 미주 10번.

4 P.F. コーニッキー, 「貸本文化比較考」, 『人文學報』, 京都大學 人文科學研究所, 1984, 50쪽에서 재인용. "パリにおける貸本屋の創立時期以來, 我が國王の主な都市にちりばめるように貸本屋が増之, そして今繁盛している."

5 윤희윤, 『도서관 지식문화사』, 동아시아, 2019, 189쪽.

6 'Cabinet de Lecture'. https://fr.wikipedia.org/wiki/Cabinet_de_lecture (검색 일자: 2022년 1월 23일)

7 David Bellos, "Le Marché du livre à l'époque romantique: recherches et problèmes", *Revue française d'histoire du livre*, no. 20, 1978, p.658.

8 도널드 서순, 오숙은·이은진·정영목·한경희 옮김, 『유럽 문화사 1: 서막 1800~1830』, 뿌리와이파리, 2012, 158쪽.

9 Whitmore, Harry Earl, "The 〈cabinet De Lecture〉 in France, 1800-1850", *The Library Quarterly: Information*, Community, Policy, vol.48. no.1, 1978, p.32.

10 Whitmore, Harry Earl, 위의 글, p.32.

| 슬로바키아 | 세책 독서 문화의 선진국

1 Ivona Kollárová, "The Reading Ideal and Reading Preferences in the Age of Joseph Ⅱ", *HUMAN AFFAIRS*, vol.23, Bratislava: Springer, 2013, p.350.

2 John L. Flood, "The History of the Book in Austria", ed. by Michael F. Suarez, S.J. & H.R. Woudhuysen, *The Book: A Global History*, Oxford: Oxford University Press, 2013, p.448.

3 Ivona Kollárová, 앞의 글, p.351.

4 Ivona Kollárová, 위의 글, p.352.

5 Ivona Kollárová, 위의 글, p.351.

6 Ivona Kollárová, 위의 글, p.355.

7 Ivona Kollárová, *Vydavatelia v 18. stroči: Trilógia k dejinám typografického média*, Bratislava: Veda, 2006, pp.126~128.

8 Sashegyi, O., *Zensur und Geistesfreiheit unter Joseph II: Beitrag zur Kulturgeschichte der Habsburgischen Länder*, Budapest: Akadémia Kiadó, 1958, 93쪽. 금서 장부는 빈 검열 위원회나 지역 검열 기관의 명으로 작성된 것으로 추정된다.

9 실제로 1787년에 글라이스너 세책점에서는 어느 고객이 금서 9권을 빌려가다가 교회 성직자에게 발각되어 제재를 당한 일이 있었다. 당시 금서로 지정된 책들은 검열 규정에 따라 격리된 채 자물쇠로 채워졌다.(Kókay, G., "A magyarországi könyvtárak és a művelődés a 18. század másodi felében", *Magyar Könyvszemle*, vol.115, Budapest: Magyar országos lévéltár, 1999, pp.304~313.)

10 이 책은 역사적 예수와 제자들에 의해 거짓으로 선포된 그리스도는 구별해야 한다는 함부르크의 김나지움 교수 라이마루스의 주장을 레싱이 책으로 출판한 것이다. 원래 루터교회 목사의 아들이었던 레싱은 독일 계몽주의 사상의 완성자이자 비평가, 극작가이기 전에 비판 정신이 뛰어난 지식인이었다.(김균진, 『기독교 신학 1』, 연세대학교출판부, 2009, 162쪽)

11 돌바흐는 자연이 어떤 초월적 존재가 아니며 물질도 끊임없이 서로에게 영향을 주는 거대한 인과의 사슬로 움직인다고 보고, 인간은 가상의 신적 존재를 고안해 숭배할 뿐이라는 주장을 펼쳤다.(카렌 암스트롱, 배국원 옮김, 『신의 역사 1』, 동연, 1999, 597쪽 참조). 돌바흐의 이런 과격한 주장을 접한 교회나 당시 일반 신자들은 큰 혼란을 느낄 수밖에 없었다.

12 Ivona Kollárová, 앞의 글, p.350.

13 이 잡지는 출판 서적에 관한 정보를 제공하고, 출판물의 제목을 목록화해 제시하기도 했으며, 문학생활과 금서 검열에 관한 정보도 다루었다.

1 Scott E. Casper and Joan Shelley Rubin, "The History of the Book in America", ed. by Michael F. Suarez & H. R. Woudhuysen, *The Book: A Global History*, Oxford Univ. Press, 2013, pp.686~687. 18세기 초 영국에서 이주해 온 이 중 남성의 69퍼센트가, 여성의 45퍼센트가 문자 해득이 가능했다. 18세기 말에는 남성의 90퍼센트가 문자 사용이 가능했다.

2 David Kaser, 앞의 책, p.40. 프랭클린은 1723년 이전까지만 해도 보스턴 남쪽 식민지 어디에도 읽을 만한 책을 취급하는 가게가 없다며 열악한 서적 유통 환경을 지적했다. 독서 수요를 공급이 따라가지 못한 사정을 엿볼 수 있다.

3 Scott E. Casper and Joan Shelley Rubin, 앞의 글, p.688.

4 17세기에 하버드대학, 윌리엄앤메리칼리지 등 일부 대학이 세워졌는데, 이곳 대학 도서관을 통해 일부 학교 관계자만 책을 빌려 볼 수 있었다.

5 회원 자격을 갖춘 일부 소수 지식인만 이용 가능한 도서관을 말한다. 1730년대부터 1760년대까지 미국에서 일반 대중에게 책을 빌려주던 회원제 구독도서관은 12군데 있었다. 연 구독 회비를 지불한 사람에 한해 책 소장자가 소유한 책을 빌려주는 방식으로 운영되었다. 후대에 나타난 공공도서관과 비교하면, 다수의 책을 한곳에 모아놓고 빌려주는 방식은 동일하다. 그러나 회비를 받아 이익을 얻고자 함이 다르다. 초기 구독 도서관은 공공성이 적고 영세했으며 장서량도 많지 않았다. 따라서 일부 구독 도서관은 도서관보다는 동호인 독서 클럽이라 할 법했다.

6 Devendra P. Varma, *The Evergreen Tree of Diabolical Knowledge*, Washington: Consortium Press, 1972, p.15. 영국에서는 18세기 중반부터 19세기 중반까지 세책업이 성행했다. 이때 365개의 세책점이 등록되었다. 이중 53개의 세책점이 이미 윌리엄 린드가 아나폴리스에서 처음으로 세책업을 시작한 1762년 이전에 존재했다. 그 당시 유럽에는 영국 외 여러 국가와 도시에 세책점이 있었다. 베를린에서도 꽤 이른 시기인 1704년에 세책점이 있었고, 프랑스와 스위스, 그 외 지역에서도 이른 시기에 세책점이 존재했음이 확인된다.

7 David Kaser, 앞의 책, p.19.

8 David Kaser, 위의 책, p.19. "Among the many obstacles to literary acquirements, which the Youth of this country are liable to, the want of books proper to their instruction, is justly esteemed one of the greatest. … The

purpose therefore of this plan, which is to open and extend the fountains of knowledge, which are at present shut against all but men of affluent fortunes, it is hoped, will meet with the countenance and patronage of every friend to his country."

9 David Kaser, 위의 책, p.21.

10 (Ed. by) Wayne A. Wiegand and Donald G. Davis, Jr., *Encyclopedia of Library History*, New York & London: Garland Publishing, Inc., 1994, p.609.

11 David Kaser, 앞의 책, p.25.

12 David Kaser, 위의 책, p.27. "To those who delight in Reading, and would spend their leisure hours, and winter evenings with profit and entertainment, THIS IS TO GIVE NOTICE, that this day is opened by GARRAT NOEL, bookseller next door to the merchants coffee-house, A CIRCULATING LIBRARY: consisting of several thousand volumes of choice books, in history, divinity, travels, voyages, novels, &c.)"

13 David Kaser, 위의 책, p.29.

14 David Kaser, 위의 책, p.30.

15 David Kaser, 위의 책, p.39. 미국 독립 이전 시기에 세책점은 불과 10년 사이에 6개 도시에서 11개가 설립되었다. 아나폴리스(William Rind, 1762/William Aikman, 1773), 찰스턴(George Wood, 1762/ Samuel Gifford, 1772), 뉴욕(Carrat Noel, 1763/ Samuel Loudon, 1774), 보스턴(John Mein, 1765), 필라델피아(Lewis Nicola, 1767/ Thomas Bradford, 1769 /Robert Bell, 1774), 볼티모어(Joseph Rathell, 1773) 등 동부 지역의 대도시를 중심으로 세책점이 다수 세워졌다.

16 James Raven, "The importation of books in the eighteenth century"; James N. Green, "English books and printing in the age of Franklin"; Ross W. Beales and E. Jenifer Monaghan, "Literacy and schoolbooks", ed. by Hugh Amory, David D. Hall, *A History of the book in America (vol.1): The Colonial Book in the Atlantic World*, Cambridge: Cambridge University Press and the American Antiquarian Society, 2000, pp.183~93, pp.276~95, p.380.

17 Richard L. Bushman, *The Refinement of America: Persons, Houses, Cities*, New York: Knopf, 1992.; Jack Greene, Pursuits of Happiness; The Social Development of Early Modern British Colonies and Formation of American Culture, Chapel Hill: University of North Carolina Press, 1988.; T.H.

Breen, "Baubles of Britain: The American and Comsumer Revolutions of the Eighteenth Century", Past and Present, vol.119, 1998, pp.73 ~ 104.

18 Thomas Augst, "Introduction", ed. by Thomas August & Kenneth Carpenter, *Institutions of Reading: The Social Life of Libraries in the United States*, Amherst and Boston: University of Massachusetts Press, 2007, p.9.

19 James Green, "Subscription libraries and commercial circulating libraries in Colonial Philadelphia and New York", ed. by Thomas August & Kenneth Carpenter, *Institutions of Reading: The Social Life of Libraries in the United States*, Amherst and Boston: University of Massachusetts Press, 2007, p.63.

20 James Green, 위의 글, p.64.

21 James Green, 위의 글, p.65.

22 James Green, 위의 글, p.65.

23 Amherst, *Subscription Libraries and Commercial Circulating Libraries in Colonial Philadelphia and New York*, Boston: Univ. of Massachusetts Press, 2007, chapter 2. p.53.

24 James Green, 앞의 글, p.70.

25 Richard Brinsley Sheridan, *The Rivals*, 1775. Act I, scene 2. (Reported in Hoyt's *New Cyclopedia Of Practical Quotations*, 1922, pp.439 ~ 440.) "A circulating library in a town is as an evergreen tree of diabolical knowledge."

26 Greve, Charles Theodore, *Centennial history of Cincinnati and representative citizens*, Chicago: Biographical Pub. Co., 1904, pp.906 ~ 908.

27 Greve, Charles Theodore, 위의 책, p.532.

28 "May 31. 1902.", *Camp and Plant*, Vol.1, Colorado Fuel And Iron Company, Sociological Dept., 1902, p.461.

29 Mirpah G. Blair, "Some Early Libraries of Oregon", *The Washington Historical Quarterly*, vol.17. no.4., Univ. of Washington, 1926, pp.260 ~ 262.

30 (Ed. by) Frances E. Willard & Mary A, Livermore, "Martha R. Field", *A Woman of the Century*, New York: Charles Wells Molton, 1893, p.289.

31 David Kaser, 앞의 책, p.124.

| 자메이카 | 카리브해 섬나라의 세책 풍경

1 Roderick Cave, "Early Circulating Libraries in Jamaica", *Libri(International Journal of Libraries and Information Studies)*, vol.30. De Gruyter, 2009.

2 Bennett, Hazel E., *A history of libraries in Jamaica 1697–1987*. Loughborough University of Technology, 1987, pp.82~94.; "Private and Subscription Libraries in Jamaica Before 1879", *The Journal of Library History*, vol.3 no.3, University of Texas Press, 1968, pp.242~249. 이하 자메이카 세책점 관련 자료는 주로 이 두 자료를 참고했다.

3 Bennett, Hazel E., 위의 책, p.85. "Such ladies and gentlemen as would wish to peruse the best English authors at a moderate expense."

4 Bennett, Hazel E., 위의 책, pp.87~89.

5 Bennett, Hazel E., 위의 책, pp.88~89.

6 Bennett, Hazel E., 위의 책, p.92.

7 Bennett, Hazel E., 위의 책, p.94.

| 브라질 | 대서양 횡단 유럽소설 및 독서 문화의 종착지

1 1808년 나폴레옹이 포르투갈을 침공하자, 포르투갈 왕실이 모두 브라질로 망명했다. 이때 리우데자네이루가 잠시 동안 포르투갈 왕국의 수도 역할을 했다. 그러나 얼마 후 나폴레옹이 몰락하자 왕실은 본국으로 되돌아갔다. 왕실은 떠났지만 브라질 사람들은 정치적 위상이 높아지고 각종 문화 활동이 활발해져 1822년 왕태자 동 패드루를 앞세워 브라질 제국의 독립을 선언했다. 수도였던 리우데자네이루에 유럽 문화가 가장 활발히 유입되었다.

2 (Ed. by) Ana Claudia Suriani Da Silva and Sandra Guardini Vasconcelos, *Books and Periodicals in Brazil 1768~1930: A Transatlantic Perspective*, London: Modern Humanities Research Association and Maney Publishing, 2014, p.4.

3 이광윤·박원복, 『브라질 문학사』, 부산외국어대학교출판부, 1998, 79쪽.

4 Alexandre Henrique Paixao, "The Literary Taste for Novels in the Portuguese Subscription Library in Rio de Janeiro", ed. by Marcia Abreu, *The Transatlantic circulation of Novels between Europe and Brazil, 1789~1914*,

Sao Paulo: Palgrave macmillan, 2017, pp.39~40. 영국의 '독서실(reading room)', 미국의 '무료 대출도서관(free circulating library)', 또는 '회원제 구독 도서관(subscription library)', 프랑스의 '독서 클럽(cabinet de lecture)', 독일의 '대출도서관(Leihbibliotheken)', 브라질과 포르투갈의 '독서 클럽(Gabinete de Leitura)'과 같은 장소가 18~19세기 책이 가득찬 대표적인 공간이었다.

5 (Ed. by) Ana Claudia Suriani Da Silva and Sandra Guardini Vasconcelos, 앞의 글, pp.4~5.

6 Alexandre Henrique Paixão, 앞의 글, p.40. "According to data from the *Almanak Laemmert*, there were eight reading rooms in Rio de Janeiro between 1844 and 1864, most of them located on Ouvidor Street, where the so called 'French bookstores' could be found."

7 Valéria Augusti, "Collections of French Novels on the Atlantic Route: From Lisbon to Grêmio Literário Português do Pará", ed. by Marcia Abreu, *The Transatlantic circulation of Novels between Europe and Brazil, 1789~1914*, Sao Paulo: Palgrave macmillan, 2017, p.223.

8 Paulo Motta Oliveira, "Narratives that Travel: Novels Written in Portuguese and Published in Paris", ed. by Marcia Abreu, *The Transatlantic circulation of Novels between Europe and Brazil, 1789~1914*, Sao Paulo: Palgrave macmillan, 2017, pp.217~218.

9 Alexandre Henrique Paixão, 앞의 글, p.40.

10 Alexandre Henrique Paixão, 위의 글, p.41.

11 Alexandre Henrique Paixao, 위의 글, p.40.

12 Alexandre Henrique Paixão, 위의 글, p.45.

13 Alexandre Henrique Paixão, 위의 글, p.48. 예컨대, 1858년 도서 카탈로그를 보면 총 775종의 소설 제목이 적혀 있는데(원본과 번역본 포함), 65종이 리우데자네이루에서, 또다른 1종이 다른 지역에서 편집된 것이었고, 나머지는 모두 수입된 것이었다.

14 Alexandre Henrique Paixão, 위의 글, p.48.

15 이광윤·박원복, 앞의 책, 102쪽.

16 알베르토 망구엘, 강주헌 옮김, 『밤의 도서관』(개정판), 세종서적, 2019, 54~55쪽.

17 Marques, Pedro. "The Papel Volante: A Marginalized Genre in Eighteenth-

Century Portuguese Culture?", *Portuguese Studies*, Vol.33, No.1, Modern Humanities Research Association, 2017, pp. 22~38.

| 나이지리아 | 아프리카 출판과 독서의 꿈

1 김영애 외 6인, 「아프리카의 현대문학」, 『아시아 아프리카 문학』, 한국외국어대학교출판부, 2003, 414~415쪽.

2 유명한 오니차 작가 중 아비아캄은 베스트셀러인 『소녀들에게 말하고 그들의 사랑을 얻는 방법*How to Speak to Girls and Win their Love*』을 썼다. 시릴 아리리구조는 『미스 아폴로의 자존심이 그녀를 미혼으로 이끈다*Miss Appolo's Pride Leads her to be Unmarried*』를, 에제는 『소녀가 당신을 사랑하거나 미워할 때 아는 법*How to Know when a Girl Loves You or Hates You*』을, 토마스 이구는 『9,000,000,000파운드의 남자가 여전히 "돈 안 된다"라고 말한다 *£9000,000,000 Man still says No Money*』라는 이채로운 제목의 책들을 발표했다.

못다 한 이야기

1 今田洋三, 『江戸の本屋さん: 近世文化史の 側面』, NHKブックス, 1977, 158~160쪽.

2 대곡삼번大谷森繁, 「조선 후기 세책 재론」, 『한국고소설사의 시각』, 국학자료원, 1996, 158~159쪽.

3 1792년 2월 20일, 미국 의회는 미국 내 주(州) 사이에 모든 종류의 정보교환이 필요하다는 사실을 인정해 우편법 주요 법안 개정을 채택한 바 있다. 이는 어떤 신문 발행자든지 국가 내 다른 모든 신문 복사가 가능하다는 허락이었다. 이에 따라 19세기 전반기 이후로 인쇄업자들이나 출판업자들이 다른 신문과 정보교환을 하며 더욱 풍부한 이야기와 사건을 소개할 수 있었다. 신문 숫자가 증가하고 더 많은 정보를 제공하면서 신문을 무료로 볼 수 있는 공공도서관이 다수 출현했다. 유료였던 정보와 지식이 무료로 전환되자, 굳이 세책점에 돈을 내고 신문과 소설책을 빌려 읽을 필요가 없어졌는데 그 단초가

여기서 마련되었다고 하겠다.

4 H.L. Pinner, *The World of Books in Classical Antiquity*, Leiden: Sijthoff, 1958, p.46.

5 알베르토 망구엘, 강주헌 옮김, 『밤의 도서관』, 세종서적, 2019, 9쪽.

6 프리드리히 카프, 최경은 옮김, 『독일의 서적 인쇄와 서적거래의 역사』, 한국문화사, 2020, 16~17쪽.

7 George H. Putnam, *Books and Their Makers during the Middle Ages*, vol.2, New York: Hillary House, 1962, p.1, p.204.

8 프리드리히 카프, 앞의 책, 22~27쪽.

9 Devendra P. Varma, *The Evergreen Tree of Diabolical Knowledge*, Washington: Consortium Press, 1972, p.15.

10 이민희, 『16~19세기 서적중개상과 소설·서적 유통관계 연구』, 역락, 2007, 260쪽.

11 Gary Marker, "The Russian Book Trade", *Publishing, Printing, and the Origins of Intellectual Life in Russia*, Princeton: Princeton Univ. Press, 1985, pp.171~172.

12 Edward Jacobs, "Circulating Libraries", ed. by Davis Scott Kastan, *The Oxford Encyclopedia of British Literature*, vol.2., Oxford: Oxford Univ. Press, 2006, pp.8~9.

13 브라이언 W. 블루엣·올린 M. 블루엣, 김희순·강문근·김형주 옮김, 『라틴 아메리카와 카리브 해』, 까치, 2013, 7~14쪽.

14 김현창, 『중남미 문학사』, 민음사, 1994, 5쪽.

15 (Ed. by) Wayne A. Wiegand and Donald G. Davis, Jr., #Encyclopedia of Library History#, New York & London: Garland Publishing, Inc., 1994, p.124.

16 William H. Prescott, #History of the Conquest of Mexico and History of the Conquest of Peru#(orig. 1843~1847), New York: Random House, 1986.

17 김현창, 앞의 책, 117쪽. 독립 직전 19세기 초 중남미 대표들이 모인 바요나 의회에서는 중남미인과 스페인인의 평등, 제반 경제활동에서의 완전한 자유 보장, 독점과 특권 금지, 노예 매매 금지, 중남미 원주민에 대한 조세 폐지 등을 요구하는 목소리까지 강하게 나왔다.

18 오늘날 코스타리카, 에콰도르, 콜롬비아, 엘살바도르, 과테말라, 온두라스, 니카라과, 벨리즈, 그리고 멕시코의 치아파스주에 해당하는 지역들은 스페인

식민 지배 당시 과테말라 왕국의 영토였다. 그러다가 1821년 중앙아메리카의 다수 국가가 스페인 지배에서 벗어나면서 멕시코 제국으로 통합되었다. 이후 1823년 중앙아메리카 여러 지역이 멕시코의 지배를 인정하지 않고, 연방(연합체)을 형성했다. 그러나 이 연방은 국민주권과 정부 형태를 두고 의견이 달라 분열, 대립하다가 결국 1838년에 오늘날과 같은 형태로 분리되었다.

19 김현창, 앞의 책, 121쪽.

20 김현창, 위의 책, 150~151쪽.

21 'Feuilletons'은 원래 프랑스 신문의 '문예란' 또는 '문예란의 기사에 실린 소품·비평·소설', 곧 신문연재서사(소설)을 일컫는다. 신문에 실린 가십성 기사, 짧은 문학작품, 정치적 풍자 기사 등도 포함된다. 이것의 영향을 받아 중남미에서 소설 창작과 독서가 더욱 발달할 수 있었다.

22 김중 편저, 『라틴아메리카 문학과 사회』, 우리책, 2007, 39쪽에서 재인용.

23 Gropp, Arthur, *Guide to Libraries and Archives in Central America*, 1941.; (Ed. by) Wayne A. Wiegand and Donald G. Davis, Jr., "Central Amercia", *Encyclopedia of Library History*, New York & London: Garland Publishing, Inc., 1994, p.126.

24 영어를 사용하는 소국으로는 안티구아, 바하마, 바베이도스, 버진 아일랜드, 케이만 제도, 그레나다, 자메이카, 세인트키츠네비스, 세인트루시아, 그리고 세인트 비센테 등이 있다. 그리고 네덜란드어를 사용하는 네덜란드령 앤틸리스가 있고, 스페인어를 사용하는 쿠바, 도미니카 공화국, 푸에르토리코, 그리고 프랑스어를 사용하는 아이티섬, 과들루프섬, 마르티니크섬들이 있다.

25 중앙아메리카의 베네수엘라 북동쪽에 위치해 있다. 1627년 영국의 지배를 받다가 1838년에 노예해방법이 통과되어 흑인이 정계에 진출하고 교육을 받은 흑인이 많아졌다. 1966년에 영국으로부터 독립했다.

26 https://www.classimax.com/dont-visit-speightstown-without-reading-this/ (검색 일자: 2020년 9월 13일)

참고문헌

자료

박종화, 〈冊貰집〉, 「월탄회고록」, 한국일보, 1972년 3월 25일자.

비변사 편, 조영준 역해, 『시폐市弊 ― 조선 후기 서울 상인의 소통과 변통』, 아카넷, 2013.

『영조실록』 28년 4월 19일 경술(庚戌)조; 47년 5월 22일조; 5월 23일조; 5월 26일조; 6월 1일조; 6월 2일조.

유만주, 『欽英』 18책, 1784년 11월 9일조; 12월 6일조; 12월 8일조(『흠영』 5, 규장각).

유재건, 실시학사 고전문학연구회 역주, 『이향견문록』, 글항아리, 2008.

六堂學人, 〈朝鮮의 家庭文學〉(八), 「各種小說類」, 『每日新報』, 1938.07.30.

이규경, 「書籍坊肆辨證說」, 『五洲衍文長箋散稿』 卷5.; 『五洲衍文長箋散稿』(上) 1, 고전간행회.

이덕무, 『사소절士小節』, 婦儀1.

정상기, 이우성 역, 「廣書籍」, 『農圃問答』, 한길사, 1992.

정약용, 「조신선전曹神仙傳」, 『국역 다산 시문집』 7, 민족문화추진회, 1985.
정약용, 「문체책文體策」, 『여유당전서與猶堂全書』 제1집 文 권8.
조수삼, 「전기수傳奇叟」, 『추재집秋齋集』 紀異篇.
조정위, 「행장行狀」, 『졸수재집拙修齋集』 권12, 부록.
조태억, 「언서서주연의발諺書西周演義跋」, 『겸재집謙齋集』 권42; 『한국문집총간』 190, 민족문화추진회, 1997.
조희룡, 「曹神仙傳」, 『壺山外記』; 『閭巷文學叢書』 9, 여강출판사, 1991.
채제공, 「여사서서女四書序」, 『번암집樊巖集』 권33.
황윤석, 『頤齋亂藁』, 제2책 제12권, 1769년 5월 22일조.
岡倉由三郎, 「朝鮮の文學」, 『哲學雜誌』 74號, 哲學會, 1893.4.
Belfast Commercial Chronicle, 9 December, 1809.
Belfast News-Letter, 8 September, 1775.
Cork Gazette, 8 February, 1974.
The Detroit Free Press, 10 June, 1877.
Finn's Leinster Journal, 9 July, 1788.
Freeman's Journal, 13 June, 1789.
"Mudie's Library: the Last of a Famous Institution", *The Times*, July 12, 1937.

단행본

강명관, 『조선시대 책과 지식의 역사』, 천년의상상, 2014.
강명관, 『숙종조 인쇄 출판과 서적문화』, 한국학중앙연구원출판부, 2020.
권석환, 『중국의 강남 예술가와 그 패트론들』, 이담북스, 2009.
김균진, 『기독교 신학 1』, 연세대학교출판부, 2009.
김영애 외, 『아시아 아프리카 문학』, 한국외국어대학교출판부, 2003.
김중 편저, 『라틴아메리카 문학과 사회』, 우리책, 2007.

김현창, 『중남미 문학사』, 민음사, 1994.
니콜 하워드, 송대범 옮김, 『책, 문명과 지식의 진화사』, 플래닛미디어, 2007.
大谷森繁, 「朝鮮後期의 貰冊 再論」, 이윤석·大谷森繁·정명기 편저, 『세책 고소설 연구』, 혜안, 2003.
데틀레프 블룸, 정일주 옮김, 『책의 문화사』, 생각비행, 2015.
도널드 서순, 오숙은·이은진·정영목·한경희 옮김, 『유럽 문화사 1: 서막 1800~1830』, 뿌리와이파리, 2012.
로버트 단턴, 주명철 옮김, 『책과 혁명』, 알마, 2014.
로제 샤르티에·굴리엘모 카발로 엮음, 이종삼 옮김, 『읽는다는 것의 역사』, 한국출판마케팅연구소, 2006.
뤼시앵 페브르·앙리 장 마르탱, 강주헌·배영란 옮김, 『책의 탄생』, 돌베개, 2014.
마거릿 윌리스, 이상원 옮김, 『독서의 탄생』, 황소자리, 2011.
마에다 아이, 유은경·이원희 옮김, 『일본 근대 독자의 성립』, 이룸, 2003.
모리스 쿠랑, 박상규 옮김, 『한국서지와 문화』, 신구문화사, 1974.
문성재 옮김, 『경본통속소설』, 문학과지성사, 2013.
베르너 파울슈티히, 황대현 옮김, 『근대 초기 매체의 역사』, 지식의 풍경, 2007.
베르너 풀트, 송소민 옮김, 『금서의 역사』, 시공사, 2013.
서대석, 『군담소설의 구조와 배경』, 이화여자대학교출판부, 1985.
송승섭, 『문명의 뇌, 서양 도서관의 역사』, 조은글터, 2019.
스즈키 도시유키, 노경희 옮김, 『에도의 독서열』, 소명출판, 2020.
알렉산드로 마르초 마뇨, 김정하 옮김, 『책공장 베네치아』, 책세상, 2015.
야마다 쇼지, 송태욱 옮김, 『해적판 스캔들』, 사계절, 2011.
엘리자베스 L. 아이젠슈타인, 전영표 옮김, 『근대 유럽의 인쇄 미디어 혁명』, 커뮤니케이션북스, 2008.
엘베르토 망구엘, 강주헌 옮김, 『밤의 도서관(개정판)』, 세종, 2019.
오오키 야스시, 노경희 옮김, 『명말 강남의 출판문화』, 소명출판, 2007.; 大木康, 『明末江南の出版文化』, 東京: 研文出版, 2004.

육영수, 『책과 독서의 문화사』, 책세상, 2010.
윤희윤, 『도서관 지식문화사』, 동아시아, 2019.
이광윤·박원복, 『브라질 문학사』, 부산외국어대학교출판부, 1998.
이민희, 『16~19세기 서적중개상과 소설·서적 유통 관계 연구』, 역락, 2007.
______, 『조선의 베스트셀러』, 프로네시스, 2007.
______, 『세책, 도서대여의 역사』, 커뮤니케이션북스, 2017.
이윤석·大谷森繁·정명기 엮음, 『세책 고소설 연구』, 혜안, 2003.
이윤석, 『조선시대 상업출판』, 민속원, 2016.
이중연, 『'책'의 운명』, 혜안, 2001.
이창헌, 『이야기문학 연구』, 보고사, 2005.
장수민, 한기 중보·강영매 옮김, 『중국인쇄사 3』, 세창출판사, 2016.
전존훈, 김의정·김현용 옮김, 『중국의 종이와 인쇄의 문화사』, 연세대학교출판문화원, 2013.
정병설, 『조선시대 소설의 생산과 유통』, 서울대학교출판문화원, 2016.
조동일, 『소설의 사회사 비교론 1·2』, 지식산업사, 2001.
주명철, 『서양 금서의 문화사』, 길, 2006.
줄리아 프레윗 브라운, 박오복·이경순 옮김, 『19세기 영국 소설과 사회』, 열음사, 1990.
최경은, 『독일 인쇄술의 기원과 발전』, 연세대학교출판문화원, 2013.
카렌 암스트롱, 배국원 옮김, 『신의 역사 1』, 동연, 1999.
한국고소설학회, 『고소설의 저작과 전파』, 아세아문화사, 1994.
황지영, 『명청출판과 조선전파』, 시간의물레, 2012.
金文京, 「小說」, 『中國文學を學ぶ人ために』, 東京: 世界思想史, 1991.
今田洋三, 『江戶の本屋さん: 近世文化史の側面』, NHKブックス, 1977.
大木康, 『明末江南の出版文化』, 東京: 硏文出版, 2004.; 오오키 야스시, 노경희 옮김, 『명말 강남의 출판문화』, 소명출판, 2007.
葉德輝 撰, 紫石 點校, 『書林淸話外二種』, 北京燕山出版社, 1999.

吳建國,『雅俗之間的徘徊 — 16至18世紀文化思潮與通俗文學創作』, 岳麓書社, 1999.

王利器 輯錄,『元明淸三代禁毁小說戱曲史料』, 上海古籍出版社, 1981.

李家瑞,『淸代北京饅頭鋪租賃唱本的槪況』, 中華書局, 1957.

李瑞良,『中國古代圖書流通史』, 上海人民出版社, 2000.

張紹勳,『中國印刷史話』, 北京: 商務印書館, 1997.

張秀民,『中國印刷史』, 上海: 上海人民出版社, 1989.

長友千代治,『近世貸本屋の硏究』, 東京: 東京堂出版, 1982.

________,『江戶時代の圖書流通』, 京都: 思文閣, 2002.

井上進,『中國出版文化史: 書物世界と知の風景』名古屋: 名古屋大學出版會, 2002.

陳大康,『通俗小說的歷史軌迹』, 湖南出版社, 1993.

浅岡邦雄·鈴木貞美 編,『明治期'新式貸本屋'目錄の硏究』, 作品社, 2010.

淸水文吉,『本は流れる — 出版流通機構の成立史』, 日本エディタースクール出版部, 1991.

胡應麟,『筆叢』, 少室山房, 규장각 소장본(奎 중 4550 00).

Ana Cláudia Suriani da Silva, Sandra Guardini T. Vasconcelos(ed.), *Books and Periodicals in Brazil 1768~1930: A Transatlantic Perspective*, London: Modern Humanities Research Association and Maney Publishing, 2014.

Afolabi, Michael, *Library Literature on Nigeria*, 1910~1978, Nigeria: Ahmadu Bello University, 1979.

Allan, David, "Circulation", Peter Garside and Karen O'Brien(ed.), *English and British Fiction 1750~1820*, vol.2, Oxford: Oxford Univ. Press, 2015.

Altick, Richard D., *The English Common Reader*, Chicago: University of Chicago Press, 1957.

Augst, Thomas and Carpenter, Kenneth, "Subscription Libraries and Commercial Circulating Libraries in Colonial Philadelphia and New York", *Institutions of Reading: The Social Life of Libraries in the United States*, Amherst and Boston: Univ. of Massachusetts Press, 2007.

Bennett, Hazel E., *A history of libraries in Jamaica 1697~1987*, Loughborough University of Technology, 1987.

Björkman, Margareta, *Läsarnas nöje: kommersiella lånbibliotek i Stockholm 1783~1809*, Stockholm: Svenska, 1992.

Blumenthal, Joseph, *The Printed Book in America*, Hanover and London: University Press of New England, 1989.

Bourdieu, Pierre, *The Field of Cultural Production*, New York: Columbia University Press, 1993.

Brokaw, Cynthia J., *Commerce in Culture: The Sibao Book Trade in the Qing and Republican Periods*, Cambridge and London: Harvard Univ. Press, 2007.

(Ed. by) Cavallo, Guglielmo and Chartier, Roger, (trans. by Lydia G. Cochrane), *A History of Reading in the West*, Amherst: University of Massachusetts Press, 1999.

Chartier, R., trans. by Lydia G. Cochrane, *The Cultural Uses of Print in Early Modern France*, Princeton: Princeton University Press, 1987.

Ciosáin, Niall Ó, *Print and Popular Culture in Ireland, 1750~1850*, New York: PALGRAVE, 1997.

Crawford, D., *Journals of Sir john Lauder*, Edinburgh: Scottish Historical Society, 1900.

Dagmar Robert, "Religous and Political Censorship in Slovakia", ed. by Marcel Cornis-Pope·John Neubauer, *History of the Literary Cultures of East-Central Europe*, Amsterdam: John Benjamins Publishing Company, 2007.

Dahl, Gina, *Books in Early Modern Norway*, Leiden: Brill, 2011.

Darnton, Robert, "from printing shop to bookshelves", edited by Alice Crawford, *The Meaning of the Library: A Cultural History*, Princeton and Oxford: Princeton University Press, 2015.

Davies, Helen, *Libraries in West Africa: A Bibliography*, Munich: K G Saur Verlag

Gmbh & Co, 1982.

Flood, John L., "The History of the Book in Austria", ed. by Michael F. Suarez, S. J. & H.R. Woudhuysen, *The Book: A Global History*, Oxford: Oxford University Press, 2013, p.448.

Garland, Henny & Garland, Mary(ed.), *The Oxford Companion to German Literature*, (3ed.), Oxford: Oxford University Press, 1997.

Gasperetti, David W., *The Rise of the Russian Novel: Carnival, Stylization, and Mockery of the West*, Northern Illinois University Press, 1997

Greve, Charles Theodore, b, *Centennial history of Cincinnati and Representative Citizens*, Chicago: Biographical Pub. Co., 1904.

Griest, Guinevere L., *Mudie's Circulating Library: The Victiorian Novel*, Indiana University Press, 1970.

Gropp, Arthur, *Guide to Libraries and Archives in Central America*, 1941.

Halasz, Alexandera, *Marketplace of Print: Pamphlets and the Public Sphere in Early Modern England*, Cambridge: Cambridge University Press, 1997.

Hall, David D., *Culture of Print*, Amherst: University of Massachusetts Press, 1996.

Henri-jean Martin · Roger Chartier(ed.), *Historire de l'édition française*, Paris: Promodis, 1982.

James Raven · Helen Small · Naomi Tadmor(ed.), *The Practice and Representation of Reading in England*, Cambridge University Press, 1996.

Dáithí Ó hÓgáin, *The Hero in Irish Folk History*, Dublin: Gill and Macmillan, 1985.

Hoh-Cheung Mui & Lorna H. Mui, *Shops and Shopkeeping in Eighteenth-century England*, London: Mcgill Queens University Press, 1989.

Jordan, John O. and Robert L. Patten(ed.), *Literature in the Marketplace: Nineteenth-Century British Publishing and the Circulation of Books*, Cambridge:

Cambridge University Press, 2006.

Kaser, David, *A Book for a Sixpence: The Circulating Library in America*, Pittsburgh: Beta Phi Mu, 1980.

Kaufman, Paul, *Libraries and their Users*, London: Library Association Publishing, 1969.

Kelly, Thomas, *Early Public Libraries*, London: Library Association Publishing, 1966.

Kókay, G. "A magyarországi könyvtárak és a művelődés a18. század második felében", *Magyar Könyvszemle*, vol.115, Budapest: Magyar országos lévéltár, 1999, pp.304~313.

Lerner, Fred, *The Story of Libraries: From the Invention of Writing to the Computer Age*, New York: Continuum, 1998.

Library Company, *At the Instance of Benajmin Franklin: A Brief History of the Library Company of Philadelphia*, Philadelphia: Library Company, 2015.

L. Kõiv and T. Reimo (eds)., *Books and Libraries in the Baltic Sea Region from the 16th to the 18th Century*, 2006.

Lyons, Martyn, *Book: A Living History*, Thames & Hudson, 2013.

MacLachlan, Christopher, "Scots Poetry before Burns", ed. by Stephen W. Brown & Warren McDougall, *The Edinburgh History of the Book in Scotland*, vol.2, Edinburgh University Press, 2012.

Mandrou, Robert, *De la culture populaire aux XVII et XVIIIe siècle, la Bibliothèque bleue de Troyes*, Paris: Stock, 1964.

Manley, K.A., "Subscription and Circulating libraries", ed. by Stephen W. Brown and Warren McDougall, *Edinburgh History of the Book in Scotland*, vol. 2, Edinburgh University Press, 2012.

Manley, K.A., *Irish Reading Societies and Circulating Libraries founded before 1825: Useful Knowledge and Agreeable Entertainment*, Dublin: Four Courts Press,

2018.

Marker, Gary, *Publishing, Printing, and the Origins of Intellectual Life in Russia, 1700~1800*, Princeton: Princetion University Press, 2016.

Musiker, Reuben, *Companion to South African Libraries*, Craighall: Ad. Donker Publisher, 1986.

Niall Ó Ciosáin, *Print and Popular Culture in Ireland*, 1750~1850, New York: PALGRAVE, 1997.

Neubauer, John·Cornis-Pope, (ed. Marcel) *History of the Literary Cultures of East-Central Europe*, Amsterdam-Philadelphia: John Benjamins Publishing Company, 2007.

Norton, Rictor(ed.), *Gothic Readings: The First Wave 1764~1840*, London and New York: Leicester University Press, 2000.

Pavlik, Devana, "The History of the Book in the Czech Republic and Slovakia", ed. by Michael F. Suarez, S. J. & H. R. Woudhuysen, *The Book: A Global History*, Oxford: Oxford University Press, 2013.

Phillipps, James. W., "A Bibliographical Inquiry into Printing and Bookselling in Dublin 1670~1800", Ph.D. Evanston: Northwestern University, Irish Academic Press, 1952.

Putnam, George H., *Books and Their Makers during the Middle Ages*, vol.2, New York: Hillary House, 1962.

Rochester, Maxine K., "Australian Library History Research", *Libraries & Culture*, vol.25, no.1, University of Texas Press, 1990.

Ruth L. Makotsi, Lily K. Nyariki, *Publishing and Book Trade in Kenya*, Nairobi: East African Educational Publishers, 1997.

Scott E. Casper, Joanne D. Chaison, Jeffrey D. Groves(ed.), *Perspectives on American Book History*, Boston: University of Massachusetts Press, 2002.

Sitzman, Glenn L., *African Libraries*, New Jersey: Scarecrow Press, 1988.

Skelton-Foord, Christopher, "Economics, Expertise, Enterprise and the Literary scene: The Commercial Management Ethos in British Circulating Libraries, 1780~1830", in E.J. Clergy, Caroline Franklin, and Peter Garside(eds.), *Scenes of Writing, 1750~1850: Authorship, Commerce and the Public*, Basingstoke: Palgrave Macmillan, 2002.

Taylor, John Tinnon, *Early Opposition to the English Novel*, New York: The King's Crown Press, 1943.

Tóth, I. G. *Literacy and Written Culture in Early Modern Central Europe*, Budapest: Central European University Press, 2000.

Unknown, *Poetical Sketches of Scarbourough in 1813*, Driffield: Frank Fawcett, 1893.

Varma, Devendra P., *The Evergreen Tree of Diabolical Knowledge*, Washington: Consortium Press, 1972.

Ward, Albert, *Book Production, Fiction, and the German Reading Public*, 1740~1800, Oxford: Clarendon Press, 1974.

Wayne A. Wiegand, Donald G. David(ed), *Encyclopedia of Library History*, London: Routledge, 1994.

Zell, Hans M., *Publishing Book & Reading in Sub-Saharan African: A critical bibliography*, London: Hans Zell Publishing, 2008.

논문

강종임, 「전통시기 중국의 소설 대여와 그 한계」, 『중국어문학』 66, 영남중국어문학회, 2014.

______, 「貰冊과 稅書: 전통시기 한국과 중국의 소설 대여와 독자」, 『중국어문학』 68, 영남중국어문학회, 2015.

김동욱, 「방각본에 대하여」, 『동방학지』 11, 연세대학교 국학연구원, 1970.
노영택, 「일제시기의 문맹률 추이」, 『국사관논총』 51, 국사편찬위원회, 1994.
로버트 헤겔, 조관희 감역, 홍상훈 옮김, 「명청 시기 소설의 틈새시장」, 『中國小說硏究會報』 74, 한국중국소설학회, 2008.
문성재, 「明末 희곡의 출판과 유통」, 『中國文學』 41, 한국중국어문학회, 2004.
박소현, 「소설 중독: 전통시기 중국과 한국의 여성 독자」, 『중국문학』 53, 한국중국어문학회, 2007.
배현숙, 「선조 초 교서관 활동과 서적유통고—유희춘의 〈미암일기〉 분석을 중심으로」, 『서지학연구』 18, 서지학회, 1999.
원영선, 「제인 오스틴 시대 독서행위의 문화적 조건과 독서 담론」, 『영미문학교육』 11(2), 한국영미문학교육학회, 2007.
유춘동, 「일본 동양문고 소장 세책 고소설의 성격과 의미」, 『민족문화연구』 64, 민족문화연구원, 2014.
윤혜준, 「19세기 런던 출판시장과 영국소설」, 『인문과학』 97, 연세대학교 인문학연구원, 2013.
이민희, 「20세기 초 외국인 기록물을 통해 본 고소설 이해 및 향유의 실제—The Korea Review 수록 'Korean Fiction'을 중심으로」, 『인문논총』 68, 서울대 인문학연구원, 2012.
______, 「18세기 후반 서적유통 및 세책 문화 비교연구—한국과 슬로바키아의 사례를 중심으로」, 『열상고전연구』 49, 열상고전연구회, 2016.
______, 「18~19세기 미국의 세책 문화 연구—한국 세책 문화와의 비교 및 검토 가능성에 관한 고찰」, 『연민학지』 26, 연민학회, 2016.
______, 「18~19세기 동·서양 세책 문화 연구 시론」, 『열상고전연구』 58, 열상고전연구회, 2017.
______, 「18~19세기 중국의 세책 문화 연구」, 『동방문학비교연구』 7, 동방문학비교 연구회, 2017.
______, 「18~20세기 초 영국의 세책 및 독서 문화 연구」, 『열상고전연구』 63,

열상고전연구회, 2018.
이윤석, 「일본 에도시대의 세책집」, 『연민학지』 17, 연민학회, 2012.
______, 「금호·동호 세책 대출 장부의 실상과 특성에 대한 연구」, 『열상고전연구』 48, 열상고전연구회, 2016.
장미경, 「명청대 강남지역의 출판문화—출판의 주체를 중심으로」, 『中國文學研究』 35, 한국중문학회, 2007.
전상욱, 「세책 대출장부 연구: 세책 대출장부의 유형과 실상」, 『열상고전연구』 27, 열상고전연구회, 2008.
______, 「세책 대출자의 특성에 대한 연구—동양문고본 대출장부를 중심으로」, 『고소설연구』 26, 한국고소설학회, 2008.
______, 「세책 총 목록에 대한 연구」, 『열상고전연구』 3, 열상고전연구회, 2009.
정명기, 「세책본 소설의 유통양상: 동양문고 소장 세책본소설에 나타난 세책장부를 중심으로」, 『고소설연구』 16, 한국고소설학회, 2003.
정병설, 「세책 소설 연구의 쟁점과 방향」, 『국문학연구』 10, 국문학회, 2003.
______, 「조선 후기 한글소설의 성장과 유통: 세책과 방각을 중심으로」, 『진단학보』 100, 진단학회, 2005.
최수경, 「19세기 전기 중국 통속소설 출판의 양상과 소설 독자에 관한 연구」, 『中國小說論叢』 37, 한국중국소설학회, 2012.
최용철, 「중국의 역대 금서소설 연구」, 『중국어문논총』 13, 중국어문연구회, 1997.
홍상훈, 「전통시기 강남지역에서 독서시장의 형성과 변천—소설 작품의 생산과 유통을 중심으로」, 『중국문학』 41, 한국중국어문학회, 2004.
岡倉由三郎, 「朝鮮の文學」, 『哲學雜誌』(8卷 74號), 1893.
郭孟良, 「書船略說」, 『中國出版』 第5集, 2009.
廣庭基介, 「江戸時代貸本屋略史(1, 2)」, 『圖書館界』 18卷5·6号, 日本圖書館研究會, 1967.
潘建國, 「明清時期通俗小說的讀者與傳播方式」, 『復旦學報』 第1期, 2001.

孫文杰,「淸代圖書流通傳播渠道論略」,『圖書與情報』第6期, 2012.

野間光辰,「浮世草子の讀者層」,『文學』26-5, 岩波書店, 1958年 5月.

程國賦,「明代小說讀者與通俗小說刊刻之關係斷折」,『文藝硏究』第7期, 2007.

中野美代子, 「中國近代讀者論 ―その成立·變遷·崩壞」, 『惡魔のいない文學』, 東京: 朝日新聞社, 1977.

坪谷水哉,「公開圖書館以前の貸本屋」,『圖書館雜誌』138, 1931.5.;「圖書館の前身·貸本屋」,『圖書館雜誌』246호, 1940.5.

P.F. コーニッキー, 「貸本文化比較考」, 『人文學報』, 京都大學 人文科學硏究所, 1984.

Allan, David, "The advantages of literature", ed. by Alice Crawford, *The Meaning of the Library: A Cultural History*, Princeton: Princeton University Press, 2015.

Benson, C., "Printers and Booksellers in Dublin 1800~1850", ed. by Robin Myers & Michael Harris, *Spreading the Word: Distribution Networks of Print 1550~1850*, Winchester: Oak Knoll Press, 1998.

Biggins, M., "Publishing in Slovenia", *Slavic & East European Information Resources*, Vol.1 no.2-Vol.1 no.3., 2001.

Blair, Mirpah G., "Some Early Libraries of Oregon", *The Washington Historical Quarterly*, vol.17. no.4., Univ. of Washington, 1926.

Bollème, Geneviève, "Littérature populaire et littérature de colportage au 18e siècle", G. Bollème·J. Ehrard·F. Furet·D. Roche, *Livre et société dans la France du XVIIIe siècle*, Paris: Mouton, 1965.

Cave, Roderick, "Early Circulating Libraries in Jamaica", *Libri(International Journal of Libraries and Information Studies)*, vol.30. De Gruyter, 2009.

Chartier, R., "Leisure and Sociability: reading aloud in early modern Europe", ed. by S. Zimmermann & R. Weissman, *Urban Life in the Renaissance*, University of Delaware Press, 1989.

Dagmar, Robert, "Religious and Political Censorship in Slovakia", ed. by Marcel Cornis-Pope·John Neubauer, *History of the Literary Cultures of East-Central Europe*, Amsterdam: John Benjamins Publishing Company, 2007.

Erickson, Lee, "The Economy of Novel Reading: Jane Austen and the Circulating Library", *Studies in English Literature*, 1500~1900, Vol.30, No.4, Houston: Rice University Press, 1990.

Freudenthal, Juan R., "The National Library in Chile: 1813~1978", Libri, 1978.

Green, James, "Subscription libraries and commercial circulating libraries in Colonial Philadelphia and New York", ed. by Thomas August & Kenneth Carpenter, *Institutions of Reading: The Social Life of Libraries in the United States*, Amherst and Boston: University of Massachusetts Press, 2007.

Griffiths, Linda M., "W. H. Smith and Son's circulating library", Master Thesis, Loughborough University, 1981.

Jackson, William Vernon, "Colombia, Libraries in", *Encyclopedia of Library and Information Science*, vol.5, 1971.

Jacobs, Edward H., "Eighteenth-century British circulating libraries and cultural book history", *Book History*, 6(1), Baltimore: Johns Hopkins University Press, 2000.

Jacobs, Edward, "Circulating Libraries", In Davis Scott Kastan(ed.), *The Oxford Encyclopedia of British Literature*, vol.2., Oxford: Oxford Univ. Press, 2006.

Kamber, Peter, "Enlightenment, Revolution, and the Libraries in Lucerne, 1787~1812", *Libraries & Culture*, vol.26, no.1, University of Texas Press, 1991.

Knott, Joan, "Circulating libraries in Newcastle in the 18th and 19th centuries", *Library & Information History*, Vol. 2, Issue 6, Edinburgh: Edinburgh University Press, 1972.

Kókay, G., "A magyarországi könyvtárak és a művelődés a 18. század második felében", *Magyar Könyvszemle*, vol.115, Budapest: Magyar országos lévéltár, 1999.

Kollárová, Ivona. "The Reading Ideal and Reading Preferences in the Age of Joseph Ⅱ", *HUMAN AFFAIRS*, vol.23, Bratislava: Springer, 2013.

Koons, E. W., "The house where books are given out for rent", *Korea Mission Field*, 1918.07.

Mahenry, Elizabeth, "An Association of Kindred Spirits: Black Readers and Their Reading Rooms", ed. by Thomas August & Kenneth Carpenter, *Institutions of Reading: The Social Life of Libraries in the United States*, Amherst and Boston: University of Massachusetts Press, 2007.

Manley, K.A., "Subscription and Circulating Libraries", ed. by Stephen W. Brown and Warren McDougall, *Enlightenment and Expansion 1707~1800*, Vol.2, Edinburgh University Press, 2012.

Marker, Gary, "The Russian Book Trade", *Publishing, Printing, and the Origins of Intellectual Life in Russia*, Princeton: Princeton Univ. Press, 1985.

Marques, Pedro, "The Papel Volante: A Marginalized Genre in Eighteenth-Century Portuguese Culture?", *Portuguese Studies*, Vol.33, No.1, Modern Humanities Research Association, 2017.

Matveeva, Irina G. "Immigration and the Book: Foreigners as the Founders of the First Libraries in Russia," *Libraries & Culture*, vol.33, 1998.

Mitrevski, G., "Publishing in Macedonia", *Slavic & East European Information Resources*, Vol.1 no.2-Vol.1 no.3., 2001.

Nikolova, Nan. "The Role of Libraries in the Struggle for Popular Literacy in Nineteenth-Century Bulgaria: An Investigation of the Reading Clubs and Their Broad Educational Activities", *The Journal of Library History*, vol.21, Fall 1986.

Nokolic, I., "Publishing in Serbia", *Slavic & East European Information Resources*, Vol.1 no.2-Vol.1 no.3., 2001.

Oliveira, Paulo Motta, "Narratives that Travel: Novels Written in Portuguese and Published in Paris", ed. by Marcia Abreu, *The Transatlantic circulation of Novels between Europe and Brazil*, 1789~1914, Sao Paulo: Palgrave macmillan, 2017.

Paixão, Alexandre Henrique, "The Literary Taste for Novels in the Portuguese Subscription Library in Rio de Janeiro", ed. by Marcia Abreu, *The Transatlantic circulation of Novels between Europe and Brazil, 1789~1914*, Sao Paulo: Palgrave macmillan, 2017.

Pavlik, Devana, "The History of the Book in the Czech Republic and Slovakia", ed. by Michael F. Suarez, S.J. & H.R. Woudhuysen, *The Book: A Global History*, Oxford: Oxford University Press, 2013.

Price, Leah, "Cultures of the commonplace", *The Anthology and the Rise of the Novel: From Richardson to George Eliot*, Cambridge: Cambridge University Press, 2000.

Scott E. Casper and Joan Shelley Rubin, "The History of the Book in America", ed. by Michael F. Suarez & H. R. Woudhuysen, *The Book: A Global History*, Oxford Univ. Press, 2013.

Skelton-Foord, Christopher, "Economics, Expertise, Enterprise and the Literary scene: The Commercial Management Ethos in British Circulating Libraries, 1780~1830", in E.J. Clery, Caroline Franklin, and Peter Garside(eds.), *Scenes of Writing, 1750~1850: Authorship, Commerce and the Public*, Basingstoke: Palgrave Macmillan,

Thomas, Christine, "The Slavonic Book in Russia, Ukraine, and Belarus", ed. by Michael F. Suarez, S.J. & H.R. Woudhuysen, *The Book: A Global History*, Oxford: Oxford University Press, 2013.

Vraneš, Ekaterina Rogatchevskaia·Aleksandra B., "The History of the Book in the Balkans", ed. by Michael F. Suarez, S.J. & H.R. Woudhuysen, *The Book: A Global History*, Oxford: Oxford University Press, 2013.

Warmbrunn, Jurgen M., "The History of the Book in the Baltic States", ed. By Michael F. Suarez, S.J. & H.R. Woudhuysen, *The Book: A Global History*, Oxford Univ. Press, 2013.

Whitmore, Harry Earl, "The 〈cabinet De Lecture〉 in France, 1800~1850", *The Library Quarterly: Information, Community, Policy*, vol.48. no.1, 1978.

Williams, Raymond, "The Growth of the Reading Public", *The Long Revolution*, New York: Columbia University Press, 1961.

Zmroczek, Janet, "The History of the Book in Poland", ed. by Michael F. Suarez, S.J. & H.R. Woudhuysen, *The Book: A Global History*, Oxford: Oxford University Press, 2013.

사진 출처

24쪽. https://paxvictoriana.tumblr.com/mudies

26쪽. *La Esfera*, Madrid, 1926년 8월 14일, p.13.

34쪽. https://www.wikiwand.com/it/Pietro_Chiari

60쪽. I.B. Bishop, *Korea and Her Neighbours*(1897) 수록.

61쪽. William Elliot Griffis, *A Modern Pioneer in Korea: The Life Story of Henry G. Appenzeller*. New York: Fleming H. Revell Company, 1912.

94쪽. https://paxvictoriana.tumblr.com/mudies Open library

95쪽. https://archive.org/details/catalogueofprinc00mudi/mode/1up?ref=ol&view=theater

98쪽. https://paxvictoriana.tumblr.com/mudies (open library)

126쪽. *Le Monde illustré*, Paris: Vallée, 1862, p.280.

148쪽. Margareta Björkman, 『독자의 즐거움: 스톡홀름의 상업 대출 도서관 1783~1809*Läsarnas nöje: kommersiella lånbibliotek i Stockholm 1783~1809*』, Stockholm: Svenska, 1992 수록.

198쪽. https://en.wikipedia.org/wiki/Cordel_literature#/media/File:iteratura_de_cordel.jpg

207쪽. https://en.wikipedia.org/wiki/Chinguetti#/media/File:Chinguetti-biblio.jpg

기타 (인터넷 주소)

https://www.youpedia.de/de/lexikonartikel/abendgesellschaft-bei-anna-amalia-von-georg-melchior-kraus

https://www.wikiwand.com/it/Pietro_Chiari

https://www.sl.nsw.gov.au/collection-items/donald-mcdonald-stationer-and-his-circulating-library-gulgong

http://onlinecollection.nationalgallery.ie/objects/4563/reading-the-nation

https://fr.wikipedia.org/wiki/Cabinet_de_lecture

https://io9.gizmodo.com/these-rolling-bookmobiles-are-cooler-than-your-local-li-1457965749

https://en.wikipedia.org/wiki/File:Wasington_County_Mobile_Library.jpg

http://viticodevagamundo.blogspot.com/2013/06/deutsches-historisches-museum-berlin.html

https://et.wikipedia.org/wiki/Karuse_kirik (Estonia, Circulating Library)

https://humanities.drury.edu/librarians-horseback-new-deal-fascinating-history/

https://www.smithsonianmag.com/history/horse-riding-librarians-were-great-depression-bookmobiles-180963786/

https://en.wikipedia.org/wiki/Cordel_literature#/media/File:Literatura_de_cordel.jpg

https://en.wikipedia.org/wiki/Biblioburro

https://en.wikipedia.org/wiki/Chinguetti#/media/File:Chinguetti-biblio.jpg

https://www.bansoro.com/mauritania-ancient-manuscript-attracts-tourists-to-oasis-city-of-chinguetti/

http://kalamu.com/neogriot/2013/07/15/history-onitsha-market-literature-pulp-fiction-in-an-era-of-pan-africanism/

https://paxvictoriana.tumblr.com/mudies (Open library)

18세기의 세책사
소설 읽기의 시작과 유행

초판 인쇄 2023년 8월 7일
초판 발행 2023년 8월 18일

지은이 이민희
책임편집 유지연 | 편집 임혜지
디자인 김하얀 | 저작권 박지영 형소진 최은진 서연주 오서영
마케팅 정민호 한민아 이민경 안남영 김수현 왕지경 황승현 김혜원 김하연
브랜딩 함유지 함근아 박민재 김희숙 고보미 정승민 배진성
제작 강신은 김동욱 이순호 | 제작처 천광인쇄사

펴낸곳 (주)문학동네 | 펴낸이 김소영
출판등록 1993년 10월 22일 제2003-000045호
주소 10881 경기도 파주시 회동길 210
전자우편 editor@munhak.com | 대표전화 031) 955-8888 | 팩스 031) 955-8855
문의전화 031) 955-3579(마케팅) 031) 955-2690(편집)
문학동네 카페 http://cafe.naver.com/mhdn
인스타그램 @munhakdongne | 트위터 @munhakdongne
북클럽문학동네 http://bookclubmunhak.com

ISBN 978-89-546-9456-8 93900

* 잘못된 책은 구입하신 서점에서 교환해드립니다.
기타 교환 문의 031) 955-2661, 3580

www.munhak.com